水声通信原理与技术

戚肖克 著

清华大学出版社

北京

内 容 简 介

本书是一本介绍水声通信系统原理与技术的学术专著。从提高水声通信系统整体性能出发，结合水声信道的特点，着重对低密度奇偶校验码及自适应均衡进行研究。从低密度奇偶校验码校验矩阵的构造、编解码各环节的改善策略，到联合编解码与自适应均衡技术的 Turbo 均衡算法，从中短距水下通信到长距水下通信进行理论研究、算法改进及试验验证。最后，对水声通信系统的实时实现问题进行探讨。

本书著者结合多年的水声通信理论研究和系统开发实践经验，循序渐进地介绍水声通信系统相关知识，让读者能够系统地掌握水声通信原理及系统设计技术。

本书可供水声通信领域的高年级本科生、研究生或专业技术人员学习或参考。

图书在版编目(CIP)数据

水声通信原理与技术/戚肖克著.—北京：清华大学出版社，2021.3(2024.10 重印)
ISBN 978-7-302-57495-8

Ⅰ.①水… Ⅱ.①戚… Ⅲ.①水声通道 Ⅳ.①E96

中国版本图书馆 CIP 数据核字(2021)第 021567 号

责任编辑：袁勤勇　杨　枫
封面设计：傅瑞学
责任校对：焦丽丽
责任印制：宋　林

出版发行：清华大学出版社
　　　网　　　址：https://www.tup.com.cn，https://www.wqxuetang.com
　　　地　　　址：北京清华大学学研大厦 A 座　　　　　**邮　　编：**100084
　　　社 总 机：010-83470000　　　　　　　　　　　**邮　　购：**010-62786544
　　　投稿与读者服务：010-62776969，c-service@tup.tsinghua.edu.cn
　　　质量反馈：010-62772015，zhiliang@tup.tsinghua.edu.cn
　　　课件下载：https://www.tup.com.cn，010-83470236
印 装 者：三河市龙大印装有限公司
经　　销：全国新华书店
开　　本：185mm×260mm　　　　**印　　张：**9.5　　　　**字　　数：**220 千字
版　　次：2021 年 5 月第 1 版　　　　　　　　　　**印　　次：**2024 年 10 月第 3 次印刷
定　　价：39.00 元

产品编号：090435-01

前　言

随着科技水平的不断发展,海洋以其巨大的资源潜力和重要的战略地位受到人们越来越高的重视。水声通信技术作为一切获取水下信息应用的基础,成为了海洋研究的热点之一。

水声通信作为一门综合性学科,涉及物理、通信原理、信号处理技术、传感器技术等多门学科。水声通信技术的目标是实现比特流的可靠无误的传输,构建水声传感器网络、多媒体数据的传输等都离不开可靠的水声通信技术。

水声无线通信的性能依赖于声波在水中的传播特性。相比于陆上电磁波信道,水声信道中的延迟扩展高出其他信道几个数量级,导致了更低的数据传输速率。另外,水声信道的多径扩展从 50ms 到几秒的数量级变化。通信距离越长,延时和多径数目也相应增加,从而导致多径扩展越高。水声信道的不同决定了不能将陆上已成熟的通信算法直接应用在水声通信系统中。同时,水声通信机以电池供电,内存和能量有限。因此,必须根据水声信道的特征研究适合水声信道的低复杂度通信算法。

本书以设计低复杂度、高可靠性的水声通信系统为目的,针对物理层中的两个关键部分——信道编解码及均衡,进行了理论研究、性能分析及试验验证。具体章节安排如下。

第 1 章简要介绍本书的研究背景,对水声通信的发展轨迹进行了归纳,并总结信道编解码和均衡技术的研究现状。

第 2 章研究水声信道特性对水声通信系统的影响。介绍水声信道中的传播损失及环境噪声对信噪比的影响,然后研究水声信道中的多径效应和时变特性。具体来说,多径效应不仅增大了传播损失,还使得符号间相互叠加,引起码间串扰的产生,而信道的时变性则导致了信号的扩展或压缩,给系统设计和信号恢复带来极大困难。基于以上研究,本章比较了水声信道与几种典型的无线电信道,从相干时间、相干带宽等方面反映了水声信道的复杂性与特殊性。最后将声呐方程引入到水声通信系统的设计,通过综合考虑水声信道特性对通信的影响,为水声通信系统设计提供了一个基本依据。

第 3 章对水声通信系统关键技术进行了概述,包括调制技术、信道编码技术和均衡技术。重点介绍了以上技术的现状、基本原理及常用的技术。

第 4～5 章研究低密度奇偶校验(Low Density Parity Check,LDPC)码在水声通信系统中的应用。其中,第 4 章针对传统 LDPC 码存在的校验矩阵使用不灵活、准循环 LDPC(Quasi Cyclic-LDPC,QC-LDPC)码校验矩阵不满秩、编码复杂度高等问题,研究低复杂度的可逆 QC-LDPC 码。为了提高 LDPC 码的性能,第 5 章研究导频辅助的 LDPC 编解码,通过插入硬导频和提取软导频辅助解码的策略,提高解码过程中变量节点与校验节点之间消息传递的可靠性,阻止错误消息的传播,从而降低数据误码率。

第6～8章研究均衡技术在水声通信系统中的应用。其中,第6章对复杂水声信道下的均衡技术进行了研究。针对水声信道的时变性特征,提出了基于加窗误差自相关估计的联合 RLS-LMS 算法,根据水声信道的实时状况自动选择合适的算法,改善均衡的整体性能。为了提高中短距水声通信系统的性能,第7章介绍了基于软硬导频辅助的线性 Turbo 均衡(P-TE)算法。P-TE 算法加入了二阶 LMS 算法、自适应步长因子调整算法和来回扫描数据处理方法,显著提高了均衡性能,降低了需要的迭代次数。针对远距水下通信系统,第8章研究基于阈值的判决反馈(TDF)均衡算法,根据信道的变化增加跟踪的灵活性,并且尽可能地降低复杂度,解决水声直接序列扩频通信系统存在的均衡器不能最优地跟踪水声信道的时变性的问题。

第9章针对水声通信机计算和存储能力有限的问题,探讨了水声通信系统的实时实现。

第10章总结本书的主要内容,并对水声通信系统的研究进行展望。

通过研究水声通信系统的关键技术——编解码技术和均衡技术,可以提高水声通信系统在长短距离传输时的可靠性,为后续节点组网、信息获取提供不可或缺的数据基础。

本书适合水声通信领域的高年级本科生、研究生或专业技术人员学习参考。

作　者

2020 年 8 月

目　录

第 1 章
绪　论

1.1　水声通信系统研究背景

随着科技水平的不断发展,海洋以其巨大的资源潜力和重要的战略地位受到人们越来越多的重视。军事活动和海洋开发利用的迫切需求,使水下通信技术的研究在国防和民用领域都有着重要的意义。

在国防领域,水下通信是水下信息获取、传输和控制的重要手段。军用水下通信技术主要应用在潜艇之间,潜艇与水面舰艇、岸上指挥基地之间,以及军用网络节点之间等环境,军用通信对通信系统有着更高的要求,如更远的通信距离、更高的通信速率、更高的系统鲁棒性、更高的多普勒(Doppler)容忍度、更严格的保密性等。水下通信技术是水下通信网络建设的基础,各国都投入了大量的人力物力对其进行研究。另一方面,为了更广泛地利用海洋资源,当前水下通信应用已由国防领域向民用领域发展,典型的应用包括海洋环境自动监测、海洋矿产资源的开发和利用、水下监控、数据采集、语音和图像传输、民用水声网络组建等。相比军用通信,民用通信的通信距离较近,通信环境稳定,且通常属于定点通信或低航速下通信。即便如此,要实现高可靠性的传输,仍存在巨大困难,有许多技术需要解决。

传统构建水下通信系统的方式有两种。一种是通过电缆将发送端与接收端相连,这种方式可以使发送端和接收端进行实时通信,然而,存在以下缺点:

(1) 海洋区域广阔,采用电缆连接的基础设备建设的成本较高;

(2) 当布放在深海时,维护和修理较为困难;

(3) 当发送端或接收端经常移动时,不容易拖动缆线。

另一种构建方式是在水中通过媒介传输携带信息的信号,媒介可以为光波、电磁波、声波等。采用光波传输能获得较高的速率,但是较强的反向散射和衰减将光波通信的应用范围限制在很短的距离内。例如,由于水中悬浮物的存在,爱尔兰海中的可视距离最多为 $1 \sim 2\,\mathrm{m}$[1]。虽然电磁波已被广泛应用于陆上的无线通信,但是在水中电磁波的吸收衰减约为 $45\sqrt{f}\,\mathrm{dB/km}$,其中 f 为工作频率(Hz)[2],因此,较大的吸收损失限制了电磁波在水中的传播距离,采用电磁波将无法进行远距离的通信。声波是迄今为止最适合水下传播的介质,低频下的声波能够在水下传输几百千米,频率为 $20\,\mathrm{kHz}$ 时衰减仅为 $2 \sim 3\,\mathrm{dB/km}$[3],因此声波成为水下传输信息的一种主要方式[4]。

水声通信技术是获取一切水下信息应用的基础,构建水声传感器网络、多媒体数据的传输等都离不开可靠的水声通信技术。因此,如何根据水声信道的特殊性设计出稳健、高速的实时水声通信算法成为当前水声通信领域研究的一大热点。水声通信的目标是以最大数据率和最小功率可靠、有效地传输数据,同时简化配置、降低成本。然而,相比较其他通信信道,水声信道是一个时-空-频选择性变化的复杂信道,具有高延迟、有限带宽、强多径、强干扰、对多普勒敏感等特点,表现如下。

(1)水声信道中频率依赖的吸收损失和环境噪声使得信号在传输过程中产生了较大的衰减。

(2)海面、海底的反射和水中悬浮物的散射造成了较为严重的多径效应,这使得符号间相互叠加,产生较大的误码率(Bit Error Rate,BER),因此,能否有效处理多径成为水声通信成败的关键。

(3)海水的漂移或收发换能器之间的相对运动产生多普勒效应,造成信号压缩或扩展,严重影响信号的质量。

(4)相比较陆上电磁波传输,声波在水中的传播速度低了5个数量级,通信延时较大,给水声组网带来困难。

(5)由于每种海洋环境下都有一个唯一的工作参数,如深度、水的化学成分、温度、海底结构等,目前为止没有一个普适的信道模型用于通信算法分析,因此,水声通信系统经常基于现场测量进行调整,这增加了水声通信算法研究的难度。

综上所述,虽然陆上无线通信技术发展已臻成熟,但是由于陆上信道与水声信道之间的本质区别,不能简单地将陆上无线通信技术应用在水声通信中,水声通信关键技术中仍然有许多难点需要解决。

21世纪正是利用和开发海洋资源的重要时期,水声通信作为水下的通信手段,在水下信息的传递、海洋信息的获取等方面有着广泛的应用,发展水声通信技术,实时、方便并可靠地恢复数据,是海洋研究的主要发展方向之一,具有较高的研究价值。近年来,国家加大了对水声通信技术的支持力度,缩短了国内外的技术差距。但是在理论研究和产品方面,我国仍滞后于美国等国家5年左右,因此,需要继续大力发展水声通信算法研究。

1.2 水声通信的发展

水声通信的发展经历了由模拟通信体制到数字通信体制,由非相干通信体制到相干通信体制的转变,相应地,数据速率和频带利用率越来越高。

1.2.1 模拟通信体制

最早的水声通信系统基本采用模拟通信体制,如采用单边带调幅和调频的语音通信等。模拟通信体制具有接收简单、抗多普勒能力强、实现容易等特点,其中第一个可操作的水声通信系统是1945年美国海军研制的采用模拟单边带抑制载波调制技术的水下电话,系统频带为8~11kHz,能够在几千米的范围内工作[5]。

然而,模拟通信技术的能量利用率较低,并且不能克服水声信道中的多径引起的信号失真等问题,如20世纪60年代潜水员使用的通信机采用调频通信技术[6],存在的典型问题为语音清晰度时好时坏,这是因为多径效应引起的严重的相位失真破坏了调频信号的主要特征。因此,自 20 世纪 80 年代早期,水声通信系统逐渐采用数字通信体制。相比模拟通信体制,数字通信体制有两方面的优势:首先,数字系统可以采用错误校正技术提高传输的可靠性,如信道编解码算法;其次,允许在时间(多径)和频率(多普勒扩展)上对信道产生的失真进行一定程度的补偿,如利用均衡算法消除码间干扰。

1.2.2　非相干通信体制

由于非相干检测不需要跟踪载波相位,最早的数字水声通信系统大多采用非相干调制方式,其中,频移键控(Frequency Shift Keying,FSK)调制被认为是相位快速变化的水声信道中唯一可选的方式[7]。由于 FSK 采用能量检测而不是相位检测算法,因此,FSK系统对信道的时间和频率扩展有较强的抵抗能力[8]。

然而,FSK 不能解决由多径引起的码间干扰问题。为保证接收到的子脉冲互不影响,已存在的 FSK 系统在两个连续脉冲之间设置保护间隔,这降低了数据吞吐量和频带利用率[9-11]。一个代表性的系统是伍兹霍尔海洋研究所(Woods Hole Oceanographic Institute,WHOI)研制的遥感系统[12],该系统采用多级频移键控(MFSK)调制方式,工作于 20~30kHz 频带内,最大传输速率为 5kb/s,成功应用于 4km 的浅海水平信道和 3km的深海垂直信道中,同时可应用在 700m 的极浅水信道中,误码率为 10^{-2}~10^{-3}。文献[13]实现了一个 MFSK 系统,最大数据速率可达 1.2kb/s。

近年来,随着扩频技术被引入到水声通信系统中,相移键控(Phase Shift Keying,PSK)调制也与扩频技术相结合,以抵抗多用户干扰或恶劣的信道干扰,从而获得更稳定可靠的远距离通信性能[14-15]。表 1.1 列出了一些代表性的非相干数字通信系统,对数据率、编码方式、带宽、通信距离和频带利用率等进行了详细的对比,其中频带利用率为数据速率与带宽的比值。从表中可以看出,非相干数字通信系统的频带利用率低于 0.5b/(s·Hz),适用于需要中等数据速率和稳定性能的场合。

表 1.1　非相干数字通信系统发展

文献	数据速率 /(b/s)	编码方式	带宽 /Hz	频带利用率	通信距离 /km	误码率
[16]	0.5	Golay 码	50	0.01	—	—
[17]	40	多子带	—	—	4S	$<10^{-2}$
[9]	1200	Hamming 码	5000	0.24	3S	$\sim10^{-2}$
[18]	75	无	1500	0.05	5D	$\sim10^{-3}$
[11]	2500	卷积码	20000	0.13	3.7D	$\sim10^{-4}$
[19]	600	多子带	5000	0.12	2.9D	10^{-3}
[20]	1250	多子带	10000	0.13	2D	—
[21]	2400	Hadamard 码	5120	0.47	10SIM	—
[14]	54	卷积码	5000	0.01	3	—

文献	数据速率/(b/s)	编码方式	带宽/Hz	频带利用率	通信距离/km	误码率
[15]	7.8	扩频码	4000	0.002	3.1_D	$\sim 10^{-2}$
[22]	7000	BCH 码	16000	0.44	0.25_{SIM}	0(15dB)

注：① "-" 表示没有在文献中提及；

② 下标 S、D、SIM 分别表示浅水、深水和仿真信道。

1.2.3　相干通信体制

随着水下应用中对更高的频带利用率和数据速率的需求不断增加，对通信系统的研究逐渐转移到相干通信体制，如相移键控和正交振幅调制（Quadrature Amplitude Modulation，QAM）。根据载波同步的方法不同，相干通信系统可分为两类：差分相干和绝对相位相干。差分相干检测的载波恢复较为简单，然而与绝对相位相干对比有明显的性能损失[23]。一般而言，在非相干通信系统中，接收机可以避免码间干扰（Inter Symbol Interference，ISI）效应，而在相干通信系统中，接收机需要主动消除码间干扰，并且补偿相位的偏移。

为了避免对绝对相位进行估计与跟踪，介于非相干通信和绝对相位相干通信之间的差分 PSK（Differential Phase Shift Keying，DPSK）调制方式首先被用于水声通信系统中。DPSK 根据前一个信号的相位调制当前信息，避免了对载波相位跟踪的需要，但是与相同数据率的 PSK 调制方式相比，误码率有所提高。表 1.2 给出了几个采用 DPSK 调制方式的通信系统在数据速率、带宽、编码方式、均衡技术等方面的对比。

表 1.2　DPSK 通信系统

文献	数据速率/(kb/s)	带宽/kHz	编码方式	均衡技术	通信距离/km	误码率
[24]	4.8	8	—	无	4.8_D	10^{-6}
[25]	2	1	BCH 码/RS 码	无	6_D	$<10^{-3}$
[26]	1.6	10	无	无	0.1_S	$<10^{-3}$
[27]	0.625	10	扩频码	无	—	—
[28]	16	8	无	线性 LMS	6.5_D	10^{-4}
[29]	10	20	无	DFE(LMS)	0.926_S	10^{-3}
[30]	20	10	—	无	1_D	10^{-2}
[31]	1	1	—	无	10_S	10^{-5}
[32]	23.3	—	卷积码/RS 码	盲空时均衡器[33]	4_{SIM}	$<10^{-4}$

注：① "-" 表示没有在文献中提及；

② 下标 S、D、SIM 分别表示浅水、深水和仿真信道；

③ DFE 指判决反馈均衡器（Decision Feedback Equalizer），LMS 为最小均方误差算法（Least Mean Squares）。

虽然相位相干系统能获得更高的频带利用率,但是由于水声信道中多径和多普勒效应等对信号正确恢复的影响,限制了采用相位相干调制的水声通信系统获得的距离-速率积的增加。为了提高数据速率,需要对接收信号的码间串扰和相位偏移进行补偿。表 1.3 给出了近年来相位相干通信系统的调制方式、数据速率、带宽、通信距离、误码率的情况。相干通信技术的发展主要体现在接收机算法的发展上,而在时间和频率同步后,接收机主要通过信道解码和均衡技术检测数据,在 1.3 节中将分别介绍两种技术近年来的发展。

表 1.3　相位相干通信系统

文献	调制方式	数据速率 /(kb/s)	带宽 /kHz	载频/kHz	通信距离 /km	误码率
[34]	16QAM	500	125	1000	0.06_D	$<10^{-7}$
[35]	QPSK, 8PSK	20~30	10	25	3.5_D	$<10^{-4}$
[36] [37]	QPSK, 8PSK 8QAM	0.66~3 1~20	0.32~1 10	10	70~259$_D$ 1.85~7.4$_S$	$<10^{-2}$
[38]	QPSK	6	3	60	0.04_S	—
[39]	QPSK	6	3	60	4_D	—
[29]	BPSK	20	20	50	0.9_S	~10^{-2}
[40]	BPSK, QPSK	1.1~2.2	0.6~2.2	—	0.5~8$_{S,D}$	$<10^{-3}$
[41]	BPSK	0.2	0.2	7	50_D	$<10^{-4}$
[42]	QPSK	1.67, 6.7	2,10	3.25	4$_S$, 2$_S$	—
[43]	BPSK	24		18	?$_S$	—
[44]	BPSK, QPSK 16QAM	2.44~29.27	9	13	0.06, 0.2,1$_S$	$<10^{-2}$

注:① "-"表示没有在文献中提及;
② 下标 S、D 分别表示浅水、深水信道。

在相位相干水声通信系统中,如何消除由多径传播导致的码间干扰及多普勒引起的相位偏移是系统设计的一个难点。在相干接收机发展过程中,一个里程碑的技术是判决反馈均衡技术和锁相环技术的联合应用[36,37,45]。然而,水声信道的复杂性使这一技术面临众多理论和工程难题。例如,深海信道的最大时延扩展可达几百毫秒甚至几秒,而浅海中通常也有几十毫秒,这使得均衡器阶数过长,复杂度大大增加。目前,相位相干调制技术的实际应用仍局限在深水垂直信道或近距离水平信道等多径效应影响较小和稳定的水声信道环境中。

为了提高远距离水声通信系统性能,扩频(Spread Spectrum,SS)技术因其对多径、噪声等较强的抵抗能力而受到较多关注,SS 技术包括直接序列扩频(Direct Sequence Spread Spectrum, DSSS)[27,46-49]、跳频扩频(Frequency Hopping Spread Spectrum, FHSS)[50-51]、线性调频(Chirp)扩频[52]及其混合扩频方法等。文献[27]将采用 DPSK 调制方式的 DSSS 通信系统用于浅水中等距离的信道中,解决了水深 10m、通信距离 1km 时信道中较严重的多径效应,在 10kHz 的带宽内获得了 600b/s 的数据速率。文献[46]

结合 DSSS 和空间分集得到了更高的增益。文献[47]分析了 DSSS 在低信噪比下的性能。文献[51]将差分跳频扩频调制方式用于多用户通信,在 4kHz 的带宽内以 68b/s 的数据速率获得了 10^{-2} 的 BER 性能。文献[53]对比了 PSK 调制的 DSSS 系统和 PSK 调制的 FHSS 系统,试验结果表明,FHSS 系统的误码率高于 DSSS 系统,但抗远近问题能力优于 DSSS。文献[54]构造了一个水声通信机,可以采用 DBPSK 调制的 DSSS 和 4FSK 调制的 FHSS 两种通信体制,以满足多跳网络中的不同需求。虽然扩频通信系统能获得更可靠的性能,但是可获得的数据速率较低,适用于远距离通信或者对可靠性要求较高的场合。

为了提高数据速率,具有较高频带利用率的正交频分复用(Orthogonal Frequency Division Multiplexing,OFDM)调制技术引入水声通信中[55-58]。OFDM 将可用带宽均匀划分为一定数目的正交的子带,接收端只需简单的频域均衡就可恢复数据,降低了复杂度。文献[56]采用 OFDM 调制技术在通信距离为 6km 的浅海试验中获得了小于 2×10^{-3} 的 BER 性能,而对于同样的通信距离,DSSS 的性能较差。

OFDM 用于水声信道时有两个需要解决的问题:

(1) 由于 OFDM 的时域信号表现为高斯(Gauss)分布,因此峰均比较高(其中峰均比定义为 OFDM 时域峰值功率与平均功率之比)[59-60],这使得功率放大器需要有较大的退避,降低了功率放大器的有效性能。

(2) 水声通信带宽较窄,经过划分后得到更窄的子信道,导致通信信号对多普勒频移更加敏感。同时,由于多普勒偏移是依赖于频率的,因此,各个子信道的频移不尽相同,将产生非均匀的多普勒频移,对数据恢复造成极大的影响。

文献[61]通过测量两个同步信号间的时间来估计多普勒频移,然后通过线性插值去除多普勒影响。文献[57]采用该方法消除了 0.13m/s 的相对运动造成的多普勒频移,在通信距离为 2.5km 的浅水试验中获得了 22.7kb/s 的数据率。然而由于多普勒频移的非均匀性,文献[61]的方法不能完全消除多普勒频移。为解决这一问题,文献[62]提出了一种补偿非均匀的多普勒频移的算法,首先,利用文献[61]的算法消除部分多普勒频移的影响,然后,通过精确的载频偏移估计来消除残差多普勒。试验表明,该方法能较好地消除收发端相对运动速度在 10 节(约 5.14m/s)以内的多普勒频移。文献[58]通过对非线性多普勒频移的精确补偿[62],在 50~800m 的浅水移动信道(<5.14m/s)中,获得 7~9.7kb/s 的数据速率。

1.3　水声通信系统关键技术研究现状

水声信道中的多径效应导致了码间串扰,时变性造成了信号的相位偏移,这对接收端正确恢复信号产生较大的困难。因此,通信系统的设计取决于克服多径与相位变化算法的性能需求。一个系统的设计可分为两个部分:

(1) 信号的设计,如编解码、调制及检测算法;

(2) 发射和接收机结构,如阵处理方式、均衡算法。

典型的水声数字通信系统框图如图 1.1 所示。信源编解码技术消去信源(如图像、语音)中存在的冗余,提高了通信的有效性。信道编解码技术加入与信息比特有关的冗余,抵抗水声信道对信号的影响,提高了通信的可靠性。时间同步得到发送数据包的开始和结束时刻。均衡器是水声通信系统的一个重要组成部分,主要为了消除多径带来的码间干扰,另外,与锁相环(Phase Locked Loop,PLL)结合可补偿相位的偏移。在水声数字通信系统中,信道编解码及均衡的性能决定了数据传输的可靠程度,本节对这两项技术进行介绍。

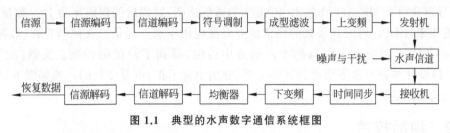

图 1.1   典型的水声数字通信系统框图

1.3.1   信道编解码技术

由于均衡器输出信号仍然包含噪声的影响,如果直接对均衡输出的符号估计进行硬判决,将会产生较多的错误。因此,信道编码被用于水声通信系统中以提高通信的可靠性能,降低误码率。

水声通信系统中信道编解码方案的选取与信道编解码的发展轨迹类似。早期的水声通信系统中大多选取构造简单且性能相对较好的卷积码或 RS(Reed-Solomon)码。文献[63]采用了有较长约束长度的卷积码,接收端采用序列解码,在符合瑞利衰落的海洋信道中的仿真结果表明,当信噪比大于 13dB 时,经过编码的系统可获得明显的性能提升。文献[64]将级联码与频率分集相结合,在瑞利衰落信道中提高了差错保护性能。文献[65]联合了长约束长度的级联码和 Hadamard 码两种方法。文献[32]将卷积码和 RS 码用于水声通信系统,使得误码率由 10^{-2} 降为 10^{-4}。文献[58]采用码率为 2/3 的卷积码,将误码率由 10^{-2} 降为 10^{-3}。

这些码构造较为简单,但是纠正错误的能力不足。随后,Turbo 码[66]被用于水声通信系统中提高解码能力。文献[67]对比了通信距离为 0.3km、1km 和 2.5km,数据率为 3.7~11.6kb/s 时卷积码、RS 码和 RS-BTC 码(Reed Solomon Block Turbo Codes)的性能,结果表明卷积码和 RS 码不能提供足够的纠错能力,而 RS-BTC 码可得到更低的误码率。文献[68]采用 Turbo 编码,在 1.7km 的通信距离内获得了约 10kb/s 的通信速率。

随着低密度奇偶校验(Low Density Parity Check,LDPC)码[69]的再发现,其优异的性能受到越来越多的重视。对比 Turbo 码,LDPC 码有良好的自交织性[70]、误码平台低[71]、低解码复杂度、在频率选择性衰落信道中性能更优[72]等优势。文献[73]采用码率为 1/2 的 LDPC 码在带宽为 12kHz 时获得了 12.18kb/s 的数据速率,试验表明,在通信距离为 500m 和 1500m 时,将误码率由 10^{-1}~10^{-2} 降为近似无误码,大大提高了系统性能,而采用卷积码的性能远不如 LDPC 码。文献[74]构造了一种非二进制 LDPC 码,水下试验结果表明,当未编码误码率为 10^{-1}~10^{-2} 时,编码的误码率为 0。此外,采用瑞利衰落水声信道的仿真结果表明,与卷积码相比,LDPC 码可获得 2~5dB 的性能增益。文献[75]将码率为 1/2 的 LDPC 码用于两发四收的 OFDM 系统中,试验表明当带宽为 12kHz,收发相距 500m、1000m 及 1500m 时,以数据率 12.18kb/s 在水声信道中传输数据,可以获得近似无误码的性能。文献[76]采用 LDPC 编解码技术,在通信距离为 1km,调制方式为正交相移键控(Quadrature Phase-Shift-Keying,QPSK)、8PSK 和 16QAM时,分别获得 150kb/s、225kb/s 和 300kb/s 的较高的通信速率。当通信距离为 2km 和 3km,分别获得 20kb/s、30kb/s 和 40kb/s 的通信速率,解码后的误码率为 10^{-4} 数量级。

近年来,LDPC 码因其强大的纠错能力而被应用于水声通信。文献[77-81]都将规则的(3,6)-LDPC 码应用于仿真的水声信道中传输,得到了较优的性能。文献[82]针对 LDPC 码设计参数与水下信道特征的关系,分别研究了正、负及变化的声速梯度下,LDPC 编解码的参数选择。

1.3.2　均衡技术

最早的相位相干通信系统的一个应用是海面船只与海下机器人之间遥感图像与命令的传输[34],系统采用 16QAM 调制方式,带宽为 125kHz,通信速率为 500kb/s,通信距离可超过 60m。接收端为采用符号间隔的单通道判决反馈均衡器并采用线性最小均方准则更新算法,结果表明系统的输出均方误差(Mean Square Error,MSE)可降低 6dB,并且误码率从 10^{-4} 降为 10^{-7}。文献[35]采用 LMS 更新的分数间隔线性均衡器,采用 QPSK 和 8PSK 调制,带宽为 10kHz,用于 3.5km 的深海信道。

第一个用于水平信道的相位相干水声通信系统,由 WHOI 提出[36-37]。文献[36]将二阶 PLL 与均衡器相结合,并采用递归最小二乘(Recursive Least Squares,RLS)算法快速跟踪信道,使得系统能够在严重多普勒频移的环境中工作。浅海试验表明,系统在约 92.6km 的通信距离可以传输 10^3 个符号,获得了误码率为 10^{-2} 的通信性能。文献[37]解决了同步与均衡器联合进行优化的问题,采用 RLS 算法进行抽头系数更新,并在 DFE 中嵌入二阶 PLL 跟踪相位偏移,系统在通信距离 203km 深水中,能获得最大为 660b/s 的数据率,在通信距离 88.9km、3.7km 的浅水中,分别以 1kb/s、10kb/s 的通信速率获得近似无误码的性能。文献[39]将均衡器系数与同步参数进行联合优化,并对比了随机梯度 LMS(Stochastic Gradient LMS,SGLMS)均衡算法和 RLS 均衡算法应用于实时处理时的性能。试验表明,在垂直信道中,RLS 算法的收敛速度更快,但是 RLS 存在的病态行为限制了稳态时的性能,结果 SGLMS 算法的输出信噪比更优。

由于水平信道多径扩展可能持续几十个符号间隔,因此需要较大的均衡器抽头数目。然而,这会产生较高的计算复杂度,严重限制了均衡器的实时应用。为了降低计算复杂度,研究人员提出了如下两种方法。

(1) 修改已存在的算法,降低复杂度。文献[40]采用复杂度为 $O(N)$ 的稳态快速横向滤波器代替复杂度为 $O(N^2)$ 的 RLS 均衡器,其中 N 为滤波器抽头个数,其与 RLS 有相同的稳态和收敛性。试验表明,在深水和浅水中,通信距离为 500~8000m,数据率为 1.1~2.2kb/s 时,能获得不低于 10^{-3} 的 BER 性能。然而,文献[83]对比了复杂度为 $O(N)$ 的 RLS 算法、LMS 算法和带自适应步长控制的 LMS 算法的性能,通信距离为 50km,带宽为 212.5Hz 的试验结果表明快速 RLS 算法存在不稳定的现象,而 LMS 和优化步长增益的 LMS 算法能得到可靠的结果。此外,快速 RLS 算法需要在跟踪速度和数值稳定性上进行折中,限制了算法的应用。文献[84]指出将 RLS 算法用于训练阶段使均衡器快速收敛,将带自适应步长因子的 LMS 算法用于稳态阶段降低复杂度,然而,该方法仅适用于信道相对稳定的情况。

(2) 利用水声信道的稀疏性,基于实际的信道响应构造稀疏均衡结构来降低计算复杂度。文献[85]根据信道估计结果选择能产生最小 MSE 的一定抽头数目集合,得到最优稀疏化的信道估计,降低了均衡器的复杂度。文献[86]提出了通过跟踪信道决定 DFE 抽头位置的方法,对均衡器系数和信道响应单独进行估计。文献[87]提出了一种稀疏 DFE 算法,通过最优化增益及寻找最优延迟,得到稀疏的均衡器抽头位置。文献[43]提出了一种基于延迟-多普勒-扩展函数的信道稀疏估计方法,采用匹配追踪(Matching Pursuit,MP)、正交匹配追踪(Orthogonal MP,OMP)和阶数递归的 LS-MP 算法估计信道响应和信道延迟-多普勒-扩展函数,大大降低了后续发送数据均衡时的复杂度。然而,这种算法同时也降低了均衡算法的性能。

另外,由于反馈中错误判决的存在,DFE 存在严重的误差传播现象[39,88],因此,通信系统需要前向纠错技术(Forward Error Correction,FEC)保证较低的误码率性能。依据 Turbo 码的迭代解码的思想,Turbo 均衡(Turbo Equalization,TE)[89-94]被提出。通过在均衡器与信道解码器之间以迭代的方式传递软信息,Turbo 均衡器能够在更恶劣的信道环境中获得较好的系统性能。文献[88]将最大后验概率(Maximum A Posteriori,MAP)均衡器与解码器作为 Turbo 均衡的两部分。另外,为了降低计算复杂度,采用幸存路径预处理(Per-Survivor Processing,PSP)减少网格状态数目,在通信距离为 1km 的极浅水中的试验表明,该算法与 DFE 相比有明显的性能提升。

然而,由于信道的延时扩展较长,基于 MAP 准则的 Turbo 均衡器的复杂度随信道长度的增长而指数增长,虽然可通过 PSP 技术降低复杂度,但是仍然不能实用。同样,基于最小均方误差(Minimum MSE,MMSE)准则的方法需要信道知识,且复杂度过高[95],因此如何降低复杂度是 Turbo 均衡技术应用于水声通信的一个难点。文献[96]提出用软输入 DFE 代替 MAP 算法,并且通过接收合并获得空间分集增益,但是复杂度太高。文献[97]采用 LMS 线性均衡器代替 Turbo 均衡器中的 DFE 以避免误差传播,试验结果表明系统能够在 60km 的通信距离内达到无误码的性能。文献[98]提出一种采用迭代多通道均衡与解码算法(Iterative Multi-channel Equalization and Decoding,IMED),采用 LMS 算法对 DFE 抽头系数进行更新,结合二阶 PLL 跟踪相位偏移,并且在迭代过程中依据上次迭代的结果修正步长因子,降低不可靠的符号估计对权重调整的影响,从而改善均衡性能。试验采用简单的 1/2 码率的卷积码,通信距离为 100～530m,与 LMS 算法和 RLS 算法[37]的性能对比可知,在 BER 为 10^{-2} 时,迭代算法获得 2～3dB 的信噪比增益。文献[44]提出了两种线性 Turbo 均衡算法:基于信道估计的 MMSE Turbo 均衡(Channel-Estimate-based MMSE TE,CE-MMSE-TE)和采用 LMS 更新算法的直接自适应 Turbo 均衡(Direct-Adaptive TE,DA-TE),并且设计在迭代过程中进行步长因子自适应调整以提高跟踪性能。试验表明,在 1km 的通信距离内,提出的方法能够以 15kb/s 的数据率得到无误码的性能。

1.4 本章小结

本章简要介绍了水声通信系统的研究背景和意义，对水声通信从模拟通信体制到非相干通信体制，到相干通信体制的发展轨迹进行了归纳，并总结了水声通信系统物理层中两个关键部分——信道编解码和均衡技术的研究现状。

第 2 章
水声信道对水声通信系统的影响

2.1 引言

水声无线通信依赖于声波在水中的传播特性,水中的声波传播主要由传播损失、环境噪声和信道中的时变性和频变性决定。传播损失和环境噪声降低了接收端可获得的信噪比,而多径效应和时变性时的信号产生失真,给信号设计与恢复造成了困难,严重影响了通信系统的性能,限制了信道容量。与陆上电磁波信道相比,水声信道具有较大传输延迟、传输损失随距离和频率增加、严重的多径效应及多普勒效应等特点。即使采用相同的技术,水声通信系统的性能远不如陆上无线通信。特别地,由于传输损失随距离增加,可用带宽受限。例如,当传输距离为 5km 时,可用带宽 10kHz,而当传输距离为 80km 时,可用带宽仅为 500Hz[99]。当数据率恒定时,带宽受限于最大传输距离与最差信道环境,因此信道利用率非常低。

本章通过分析水声信道的特点,研究水声信道如何对通信信号产生影响,为水声通信系统的设计提供理论依据。

2.2 传播损失及环境噪声

传播损失(Transmission Loss,TL)定义为声强度在传播过程中受到的累积衰减,其主要来源有几何扩展、声吸收及散射[100]。几何扩展是指传播过程中由声信号的规则衰减引起的能量扩散[101];吸收是由分子内部摩擦引起的声能转变为热能的过程;散射是声波遇到介质中的物体或气泡时产生的传播重定向过程,能量的散射会引起传播损失。总的传播损失可计算为[102]

$$\text{TL}(r,f) = n10\log r + 10^{-3}r\alpha(f) \tag{2.1}$$

其中,不同的几何扩展模型将导致 n 的不同,$n=0$ 时为平面波传播,此时无几何扩展损失;$n=1$ 时为柱面波传播,适用于浅海信道,此时声信号在海面与海底之间的圆柱体内传播;$n=1.5$ 为对柱面波传播的修正,此时考虑了海底吸收造成的界面损失;$n=2$ 时为球面波传播,适用于深海传播,此时将深海作为一个同向无边界的介质。r 表示发射端与接收端之间的距离,单位为米(m)。f 表示工作频率(kHz)。$\alpha(f)$ 表示吸收系数,单位为 dB/km。当工作频率在几百赫兹以上时,吸收系数 $\alpha(f)$ 可用 Thorp 公式计算[103]:

$$\alpha(f) = \frac{0.1f^2}{1+f^2} + \frac{40f^2}{4100+f^2} + 2.75 \times 10^{-4}f^2 + 0.003 (\text{dB/km}) \tag{2.2}$$

当工作频率更低时,吸收系数可用下面的公式计算[104]:

$$\alpha(f) = 0.002 + \frac{0.11f^2}{1+f^2} + 0.011f^2 (\text{dB/km}) \tag{2.3}$$

图 2.1 给出了水深为 15m 时浅海传播损失与频率、距离的关系,传播损失通过式(2.1)~式(2.3)计算获得。可以看出,当传播距离及工作频率增加时,传播损失越来越大。当工作频率小于 1kHz 时,传播损失随距离变化的很小,可以进行远距离的通信;当工作频率在 10kHz 左右时,传播距离限制在几十千米;当工作频率在 100kHz 左右时,传播距离大约为 1km。因此,可以看出,远距离传输需要较低的工作频率,而在频率较低时,与工作频率无关的柱面波传播是影响 TL 的主要因素。

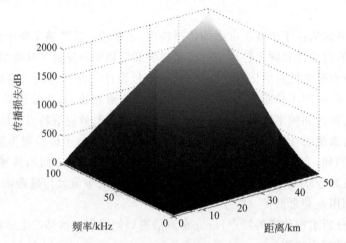

图 2.1   水深为 15m 时总的传播损失与频率、距离的关系

海洋中的环境噪声有 4 个基本的来源:扰动、海面上的船舶、海面风浪及热噪声[105],其大多噪声源可用一个高斯分布函数和连续的功率谱密度描述,环境噪声的总功率谱密度可表示为[106]

$$NL(f) = N_t(f) + N_s(f) + N_w(f) + N_{\text{th}}(f) \tag{2.4}$$

式(2.4)中,f 表示工作频率(kHz);

$$10\log N_t(f) = 17 - 30\log f \tag{2.5}$$

为扰动功率谱密度;

$$10\log N_s(f) = 40 + 20(s - 0.5) + 26\log f - 60\log(f + 0.03) \tag{2.6}$$

为海面上活动的船舶噪声的功率谱密度,s 表示海面船舶的活动密度,取值范围为 0~1,活动的船舶越多,则 s 越大;

$$10\log N_w(f) = 50 + 7.5w^{1/2} + 20\log f - 40\log(f + 0.4) \tag{2.7}$$

为海面风浪的功率谱密度,w 为海面风速(m/s);

$$10\log N_{\text{th}}(f) = -15 + 20\log f \tag{2.8}$$

为热噪声的功率谱密度,单位为 dB re μ Pa per Hz。

图 2.2 给出了 4 种不同的噪声源的功率谱密度及总的噪声功率谱密度,其中假设风速 $w = 10$m/s,海面上活动的船舶密度 s=0.5。可以看出,扰动噪声仅在较低的频带

内有影响,如 $f<10\text{Hz}$;而当频率为 $10\sim100\text{Hz}$ 时,海面上活动的船舶是噪声的主要来源,根据船舶的活动性 s 取值为 $0\sim1$,其中海面上的活动船只越多,s 越接近 1;频率为 $100\text{Hz}\sim100\text{kHz}$ 时,噪声主要来自风引起的海面波动,风速越高,噪声越大;当频率更高时,即 $f>\text{kHz}$,热噪声在环境噪声中占主导地位。另外,从图中可知,总的噪声随着频率的升高而衰减,由于水声通信系统需要发送信号在频带内尽可能平坦,因此,限制了可用的带宽。

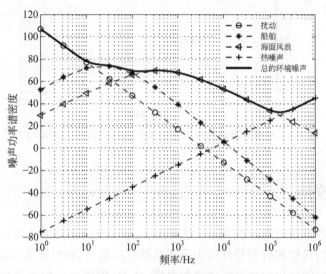

图 2.2　环境噪声功率谱密度

综上所述,传播损失功率谱密度 $\text{TL}(r,f)$ 随频率的增加而增加,而环境噪声功率谱密度 $\text{NL}(f)$ 随着频率的增加而衰减,因此,信号带宽不同,信噪比也会变化。假设发射信号的载波频率为 f,发送功率为 P,接收机的噪声带宽为 Δf,则窄带信噪比(Signal-to-Noise Ratio,SNR)可表示为

$$\text{SNR}(r,f)=\frac{P}{\text{TL}(r,f)\text{NL}(f)\Delta f} \tag{2.9}$$

从式(2.9)中可以看出,传播损失功率谱密度 $\text{TL}(r,f)$ 与 环境噪声功率谱密度 $\text{NL}(f)$ 的乘积决定了接收端可获得的信噪比对工作频率的依赖程度。

图 2.3 给出了传播距离不同时,因子 $1/(\text{TL}(r,f)\text{NL}(f))$ 随频率的变化关系,其中 $\text{TL}(r,f)$ 和 $\text{NL}(f)$ 分别由式(2.1)和式(2.4)计算获得,仿真参数为 $n=1.5,s=0.5,w=0\text{m/s}$。从图中可以看出,在每个特定的传播距离 r 下,都存在一个最优的中心频率使得窄带内的信噪比达到最大,并且传播距离越大,最优的工作频率就越低,可用的带宽越窄。例如,当传播距离 $r=100\text{km}$ 时,可用带宽仅为 1kHz;传播距离越短,可用带宽增加,但是最终会受到换能器的限制,因此,在水声信道中,为了获得更高的数据速率,需要采用频带利用率更高的调制方式。另外,在进行实际系统设计时,可以根据图 2.3 选择传输带宽、调整发送功率,以获得所需要的信噪比。

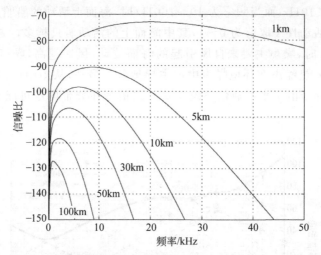

图 2.3   窄带信噪比的频率依赖部分，即 $1/(\mathrm{TL}(r,f)\mathrm{NL}(f))$

2.3   多径效应

多径主要受两方面因素的控制：一是海面、海底及任意物体对声波的反射；二是水中的声折射。信道的反射和折射特性决定了传播路径的数目、相对强度和延迟。

折射是声速空间变化的结果。声速与温度、压力（随深度和位置而变化）以及海水的盐度有关，可以近似估计为[107]

$$c = 1448.96 + 4.591T - 0.05304T^2 + 0.0002374T^3$$
$$+ 1.34(S - 35) + 0.0163z + 1.675 \times 10^{-7}z^2$$
$$- 0.01025T(S - 35) - 7.139 \times 10^{-13}Tz^3 \tag{2.10}$$

式中，T 表示温度；S 表示水中的盐度；z 表示海水的深度。适用范围为 $0 \leqslant T \leqslant 30℃$，$3\% \leqslant S \leqslant 4\%$，$0 \leqslant z \leqslant 8000\mathrm{m}$。

另外，受水面冷热、盐度的改变及水流的影响，浅水中的声速更加不规则及不可预测。图 2.4 为 2012 年 3 月 26 日在杭州千岛湖测得的水深 0～50m 时的声速梯度剖面图，数据来自连续两次对声速的测量。可以看出，深度不同，测量位置不同，得到的声速也不同。

根据 Snell 定律，声音在传播过程中总是弯向速度低的区域[108]，因此，当信源发射一束射线时，每条射线沿不同的路径传播，位于不同传播距离处的接收端将观测到来自不同路径的信号。由于沿较长路径的射线可能有更高的速度，因此，长路径的传播可能在更强的视距路径前到达接收端，这种情况下将产生非最小相位信道响应。

图 2.5 为声波在浅水中传播的理论模型。海面的反射对能量损失很小，而海底的损失一般能引起较大的能量衰减，其依赖于海底沉淀物的类型、入射角和频率。当频率范围在 0.1～10kHz 时，评估多径条件下的传输损失的半经验公式可表示为[100,109]

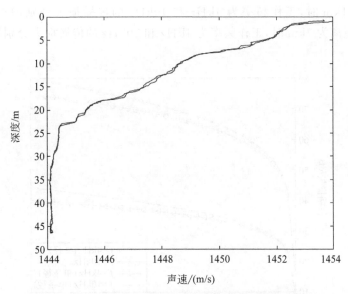

图 2.4　2012 年 3 月 26 日杭州千岛湖的声速梯度剖面图

$$TL = \begin{cases} 20\log r + \alpha r + 60 - k_L & r < F \\ 15\log r + \alpha r + a_T\left(\dfrac{r}{F} - 1\right) + 5\log F + 60 - k_L & F \leqslant r \leqslant 8F \\ 10\log r + \alpha r + a_T\left(\dfrac{r}{F} - 1\right) + 10\log F + 64.5 - k_L & r > 8F \end{cases} \quad (2.11)$$

式中，r 为传播距离（km）；α 为水中的吸收系数（dB/km）；F 为射线能接触到海面或海底的最大距离，表示为 $F = \sqrt{1/8(d+z)}$（km）；z 为水深，d 为混合层深度；k_L 为对多个海面海底反射场的平均影响，依赖于海况（波高）、频率和海底成分等，可计算为 $k_L = 10\log(1 + 2r_a r_b + r_a + r_b)$（dB），$r_a$ 和 r_b 分别表示海面和海底的强度反射系数；a_T 表示浅水的衰减，与有风的海面到海底的能量耦合导致的附加损失有关。

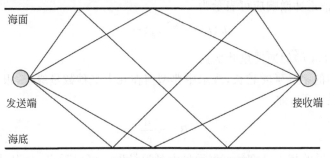

图 2.5　声波在浅水中传播的理论模型

图 2.6 给出了工作频率为 4kHz 和 10kHz 时，多径和单条径情况下的传播损失对比结果，其中，假设海底成分为沙，海况为 1 级（平静，有涟漪）。从图中可以看出，传播损失随距离和频率的增加而增加，对比单条径，多径在传播中的传播损失随距离增加而增加，

当传播距离为 1km 时,工作频率为 4kHz 和 10kHz 的传播损失分别增加约 25.5dB 和 27dB;当传播距离为 7km 时,工作频率为 4kHz 和 10kHz 的传播损失分别增加约 27.6dB 和 28.4dB。

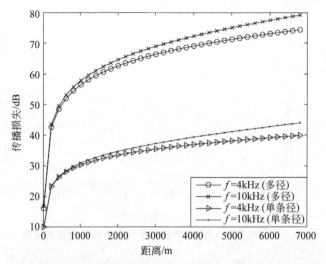

图 2.6　浅海中多径和单条径的传播损失对比(沙质海底,1 级海况)

理论上来说,发送端和接收端之间存在无数条信号回声,然而,其中一些经历多次反射的信号由于损失太多能量可以忽略,因此,仅剩余有限的明显的路径。假设第 p 条传播路径的长度为 r_p,则路径延迟为 $\tau_p = r_p/c$,其中 c 为声速。理想情况下的海面反射系数为 -1,而海底反射系数依赖于海底成分和入射余角[110]。Γ_p 表示第 p 条传播路径的累积反射系数,$\mathrm{TL}(r_p, f)$ 表示第 p 条路径的传播损失,则第 p 条路径的频域响应可表示为[108]

$$H_p(f) = \frac{\Gamma_p}{\sqrt{\mathrm{TL}(r_p, f)}} \tag{2.12}$$

从而,总的信道冲激响应可表示为

$$h(t) = \sum_p h_p(t - \tau_p) \tag{2.13}$$

式中,$h_p(t)$ 为 $H_p(f)$ 的逆傅里叶变换。

水声信道中的多径延时较长,浅水中典型值在几十毫秒数量级上,根据延迟与相干带宽互为倒数的关系[23],即

$$B_c \approx \frac{1}{\tau_m} \tag{2.14}$$

式中,B_c 表示信道的相干带宽;τ_m 表示最大延迟扩展。可以看出,延迟越大,相干带宽越窄。当相干带宽小于发送信号的带宽时,将会引起频率选择性衰落,接收端在某一时刻将同时观测到来自多个符号的信号,造成了严重的码间干扰,增加了水声通信系统的 BER,从而降低了系统的可靠性。

2.4　水声通信信道的时变特性

传播介质的内在变化及收发端之间的相对运动是引起信道的时变性的两个来源。传播介质内在变化的范围从不影响信号变化的长周期变化(如温度变化)到影响信号的短周期变化(如风浪变化),其中短周期变化主要来源于海面波浪,波浪的变化造成反射点的错位,从而引起信号的散射以及由路径长度的变化引发的多普勒扩展。浅海中,信道的时变性主要来自于波浪引起的海面散射[111],在深海信道中,介质的内在变化是信号沿确定性路径传播过程中时变的主要来源。

水声通信信道没有统一的统计特性,试验表明,一些信道有确定性的特征,而一些信道表现为 Rice 或瑞利衰落[112]。另外,当前研究表明,在另一些环境中水声信道服从 K-分布的衰落[113]。在通信系统设计中,可以认为相干时间在百毫秒的数量级上。另外,由于缺少标准仿真模型,试验验证仍是设计通信算法的实际标准。

收发端之间的相对运动会导致信道响应的变化,引起多普勒效应的产生,从而造成频率平移及频率扩展。此外,即使没有收发端之间的相对运动,系统中总有一些运动存在,如波浪的漂移、水流、潮汐等,这些运动也会导致多普勒效应的产生,因此,设计水声通信系统时必须考虑多普勒效应的存在。频率偏移可表示为

$$f_d = \Delta f = -\frac{v}{c}f_c \tag{2.15}$$

式中,f_d 为多普勒频率;v 为发送端与接收端之间的相对运动速度;c 为水中的声速;f_c 为发送信号的载波频率。$a=v/c$ 被称为多普勒系数。

多普勒系数决定了传输信号的失真程度。相对于陆上无线电磁波的速度(约 3×10^8 m/s),水中声波的速度(约 1500 m/s)很低,因此由相对运动导致的水声信号的多普勒失真极其严重,准确的信号同步和信道估计成为接收机无误接收数据的难点之一。例如,在陆上无线通信系统中,当移动终端的速度为 160 km/h 时,多普勒系数为 $a=1.5\times 10^{-7}$,即约每 67 万个比特中仅有一个比特有错误,因此多普勒扩展可以被忽略而不影响符号同步。而在水声通信系统中,当移动速度为 0.5 m/s 时,多普勒系数为 $a=3\times 10^{-4}$,即约 3000 比特中就有一个比特错误,严重影响了数据的可靠传输。因此,一般来说,水声通信系统中的多普勒效应不可以忽略,必须在接收端增加对相位和延迟的同步。进一步地,相对于陆上无线多载波系统,其在所有子载波上的多普勒效应可以认为是相同的,而在水声多载波通信系统中,由于每个子载波的多普勒频移不同,在整个信号频带内产生了非均匀的多普勒失真,因此多普勒效应将对信号造成更为严重的影响。

信号从不同的路径下传播,产生不同的多普勒频移,对应不同的相位改变速率,这种多个路径分量的多普勒频移对单个路径的影响成为多普勒扩展,可表示为[114]

$$D_m = \max_p D_p - \min_p D_p \tag{2.16}$$

式中,D_p 表示第 p 条路径上的多普勒频率。

信道的相干时间 T_c 与多普勒扩展 D_m 的关系近似为[23]

$$T_c \approx \frac{1}{D_m} \tag{2.17}$$

因此,多普勒扩展越大,相干时间越短。当相干时间大于发送信号的符号周期时,将产生时间选择性衰落。

因此,水声信道总的冲激响应函数可表示为

$$h(t) = \sum_p h_p(t - \tau_p) e^{j2\pi(f_c + D_p)t} + n(t) \tag{2.18}$$

2.5   与陆上无线信道的比较

陆上无线信道中存在多径及多普勒效应,如室内信道、室外信道、电离层信道、对流层微波数字无线链路等[115],表 2.1 对比了水声信道与上述无线信道在相干时间、延时扩展、多普勒扩展上典型的取值范围。可以看出,水声信道中的延迟扩展高出其他信道几个数量级,因此相应的相干带宽低于其他信道几个数量级,导致了更低的数据传输速率。根据不同的应用,水声信道的多径扩展 T_m 从 50ms 到几秒的数量级变化。对于浅水长距离通信,时延扩展可达 1~3s,同时多普勒扩展在几赫兹数量级上。通信距离越长,相应的延时和多径数目也增加,从而导致多径扩展 T_m 越高。因此,水声信道的不同决定了不能将陆上已成熟的无线通信算法直接应用在水声通信系统中[116],必须根据水声信道的特征对算法进行修改,或直接研究适合水声信道特征的通信算法。

表 2.1   水声信道与其他无线信道的对比

信道	相干带宽(B_c)	延时扩展(T_m)	多普勒扩展(D_m)
对流层散射	1MHz	1μs	0.1~10Hz
电离层	100Hz~10kHz	0.1~10ms	0.1~100Hz
室外	农村:~1MHz	~1μs	10Hz
室内	大型办公室及房间:2~5MHz 小型房间:>10MHz	0.2~0.5μs <0.1μs	—
水声	0.3Hz~几千赫兹	0.3ms~3s	3~60Hz

2.6   通信声呐方程

水声信道被认为是已知的最有挑战性的通信信道之一,是陆上蜂窝信道(严重的多径与衰落)与卫星信道(低信噪比)的最坏特性的组合[117]。声波在水声信道中只能以较低的频率(kHz)进行传播,通信带宽极其有限。另外,受水中漂浮物、海面或海底对信号的反射和折射等的影响,声波通过不同的路径达到接收端,引起的时延扩展达十到几百毫秒,造成了严重的频率选择性信号失真。同时,收发换能器之间的相对运动、海洋内部湍流等引起严重的多普勒效应,导致信号频谱压缩或扩展,造成信号的时间选择性失真。此外,声波在传播过程中的吸收衰减等降低了信号的能量,海洋中的环境噪声及来自其他系统的干扰等加重了通信信号的失真。

声波在水声信道中的传播较为复杂且多变,为了综合考虑这些因素对水声通信的影响,本节将声呐方程引入到水声通信系统设计中,为系统参数的选择提供一个基本依据。接收端水声信号的 SNR 可由被动声呐方程表示[118-119]:

$$SNR = SL - TL - NL + DI \geqslant DT \tag{2.19}$$

其中,TL 为发射机与接收机之间路径中的传播损失,定量地描述声波传输一定距离后声强度的衰减变化,由式(2.1)获得;NL 为海洋环境噪声的声级,用于度量海洋环境噪声的强弱,由式(2.4)获得;DI 为接收换能器的指向性指数;DT 为通信检测阈值,可设置为通信系统正常工作时所需的信噪比;SL 为发送换能器声源级,描述声呐所发射的声信号的强弱,定义为

$$SL = 10\log\left(\frac{I_t}{0.67 \times 10^{-18}}\right) \tag{2.20}$$

其中,浅海中 $I_t = \dfrac{P_t}{2\pi 1 m z}$,深海中 $I_t = \dfrac{P_t}{4\pi 1 m}$,$P_t$ 为发送功率(W),z 为水深(m)。

通过综合平衡各参数的影响,声呐方程式(2.18)可作为通信系统参数(如频率、发射功率、调制方式等)设计时性能评估的一个参考。图 2.7 给出了浅海中不同频率和发送功率下,通信距离与误码率的关系,系统的调制方式为十六进制正交幅度调制(Quadrature Amplitude Modulation,QAM),其误码率可表示为

$$P_b^{16QAM} = \frac{3}{8}\mathrm{erfc}\left(\sqrt{\frac{4E_b}{10N_0}}\right) \tag{2.21}$$

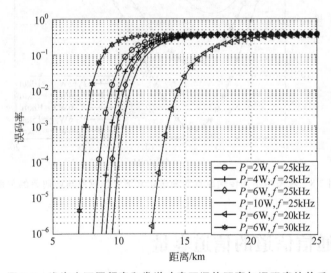

图 2.7 浅海中不同频率和发送功率下通信距离与误码率的关系

式中,E_b 为单位比特的平均信号能量;N_0 为噪声的单边功率谱密度。E_b/N_0 可通过与 SNR 的关系获得[120]:

$$\frac{E_b}{N_0} = SNR \frac{B}{R} \tag{2.22}$$

式中,B 为噪声带宽;R 为数据速率。另外,数据速率与带宽的比值 R/B 也称为带宽利用率,表征特定调制方式下的带宽利用效率。erfc(·)表示误差函数,定义为

$$\text{erfc}(x) = \frac{2}{\sqrt{\pi}} \int_x^\infty e^{-\eta^2} \, d\eta \tag{2.23}$$

图 2.8 给出了不同的传输距离和发送功率下工作频率与误码率的关系,其中仿真参数设置为带宽 $B=8\text{kHz}$,载波频率 $f=25\text{kHz}$,数据速率 $R=28.8\text{kb/s}$,风速 $w=\text{m/s}$,水深 $z=15\text{m}$。从图中可以得出以下结论。

(1) 当频率及传输距离固定时,随着发送功率的增加,误码率降低。例如,当频率为 10kHz,传输距离 $r=10\text{km}$ 时,发送功率为 2W、4W 及 6W 时,误码率约为 10^{-4}、10^{-10} 及 10^{-14}。

(2) 对于每个传输距离,都存在一个最优的工作频率,且最优频率值不受发送功率影响。例如,当传输距离为 10km,发送功率为 2W、4W 及 6W 时,最优工作频率均约为 6.5kHz。

(3) 传输距离越大,最优的工作频率越小。例如,当发送功率固定为 6W,传输距离为 10km、15km 及 20km 时,最优的工作频率分别为 6.5kHz、5.5kHz 及 4.5kHz。

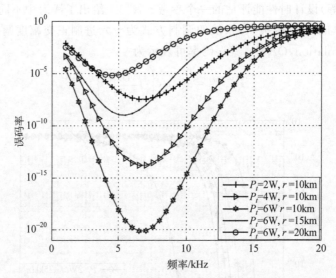

图 2.8　浅海中不同传输距离和发送功率下工作频率与误码率的关系

2.7　水声通信信道的信道容量

信道容量为信道无错误传输的最高传输速率。对不同的输入概率分布,存在最大互信息值,这个最大值定义为信道的容量。信道容量反映了信道所能传输的最大信息量,且大小与信源无关。

最简单的信道为加性高斯白噪声(Additive White Gaussian Noise, AWGN)信道,该信道下传输的信号仅受到加性高斯白噪声的干扰。假设发送信号为 $x(t)$,则在 AWGN 信道下,接收信号 $y(t)$ 可表示为

$$y(t) = x(t) + n(t) \tag{2.24}$$

式中，$n(t)$ 为加性高斯白噪声，其功率谱密度为 $N_0/2$。因此，AWGN 信道的信道容量可表示为

$$C = B\log_2(1+\gamma)(\mathrm{b/s}) \tag{2.25}$$

式中，B 为接收带宽；$\gamma = \overline{P}/(N_0 B)$ 为接收信噪比，$\overline{P} = E[x(t)^2]$ 为信号的平均功率。式 (2.25) 表示 AWGN 信道的信道容量正比于带宽，且随接收 SNR 的增加而增加。

若信道为时变平坦衰落信道，平稳遍历信道增益为 $\sqrt{g(t)}$，则接收信号 $y(t)$ 可表示为

$$y(t) = \sqrt{g(t)}\, x(t) + n(t) \tag{2.26}$$

式中，$g(t)$ 服从 $p(g)$ 分布。则信道的瞬时接收信噪比为

$$\gamma(t) = \frac{g(t)\overline{P}}{N_0 B} \tag{2.27}$$

由式 (2.27) 可知，$\gamma(t)$ 的分布 $p(\gamma)$ 取决于 $g(t)$ 的分布。

假设发送端不知道信道的衰落情况，而接收端已知信道边信息（Channel Side Information，CSI），则发送端固定发射功率 P，信道容量可看作一段时间信道容量的统计平均，计算为

$$C = \int_0^\infty B\log_2(1+\gamma)p(\gamma)\mathrm{d}\gamma(\mathrm{b/s}) \tag{2.28}$$

式中，$\gamma = Pg/(N_0 B)$ 是时变信噪比。由于 $B\log_2(1+\gamma)$ 是凹函数，根据 Jensen 不等式，有

$$E[B\log_2(1+\gamma)] = \int B\log_2(1+\gamma)p(\gamma)\mathrm{d}\gamma \leqslant B\log_2(1+E[\gamma]) \tag{2.29}$$

因此，在这种情况下，时变信道的信道容量小于 AWGN 下的信道容量。

若假设发送端和接收端均已知 CSI，则发送端可根据信道情况调整不同时刻的发送功率，因此发送功率不固定。但可以假设平均功率是受限的，即

$$\int_0^\infty P(\gamma)p(\gamma)\mathrm{d}\gamma \leqslant P \tag{2.30}$$

式中，$P(\gamma)$ 为根据 γ 调整的瞬时功率，$\gamma = \dfrac{\overline{P}g}{N_0 B}$，时变信道的信噪比为 $\dfrac{P(\gamma)g}{N_0 B} = \dfrac{P(\gamma)\gamma}{\overline{P}}$，则信道容量可表示为

$$C = \int_0^\infty B\log_2\left(1 + \frac{P(\gamma)\gamma}{\overline{P}}\right)p(\gamma)\mathrm{d}\gamma(\mathrm{b/s}) \tag{2.31}$$

$$\text{满足 } P^*(\gamma) = \max_{P(\gamma)} \int_0^\infty (P\gamma)p(\gamma)\mathrm{d}\gamma = P$$

则求解信道容量最大值问题变为具备约束条件的最优化问题，即

$$J(P(\gamma)) = \int_0^\infty B\log_2\left(1 + \frac{P(\gamma)\gamma}{\overline{P}}\right)p(\gamma)\mathrm{d}\gamma - \lambda\int_0^\infty P(\gamma)p(\gamma)\mathrm{d}\gamma \tag{2.32}$$

式中，λ 为拉格朗日因子。令 $\dfrac{\partial J(P(\gamma))}{\partial P(\gamma)} = 0$，可得当功率分配为

$$\frac{p(\gamma)}{\overline{P}} = \begin{cases} \dfrac{1}{\gamma_0} - \dfrac{1}{\gamma}, & \gamma \geqslant \gamma_0 \\ 0, & \gamma < \gamma_0 \end{cases} \tag{2.33}$$

时,时变信道能获得最大的容量,为

$$C = \int_{\gamma_0}^{\infty} B\log_2\left(\frac{\gamma}{\gamma_0}\right)p(\gamma)\mathrm{d}\gamma \,(\mathrm{b/s}) \tag{2.34}$$

式中,γ_0 称为中断门限,可由下式计算得到:

$$\int_0^{\infty}\left(\frac{1}{\gamma_0} - \frac{1}{\gamma}\right)p(\gamma)\mathrm{d}\gamma = 1 \tag{2.35}$$

该最大信道容量可通过变化传输速率得到。瞬时信噪比对应速率 $B\log_2(\gamma/\gamma_0)$。由式 (2.34)可知:当信道情况恶化时,发送端将降低发送功率及传输速率。如果信噪比低于 γ_0 时,发送端将不发送任何信号,这种方法被称为时域功率注水分配算法。

另一方面,若信道为时不变频率选择衰落信道,一般可假设发送端和接收端已知 CSI。假设信道增益为 $H(f)$,整个频带被分为多个带宽为 B 的子信道,且在每个子信道中的信道频谱平坦,即第 i 个子信道增益 $H(f) = H_i$ 为恒定值,则第 i 个子信道的信噪比为

$$\gamma_i = \frac{|H_i|^2 P_i}{N_0 B} \tag{2.36}$$

式中,P_i 为第 i 个子信道分配的功率,且 $\sum_i P_i \leqslant P$,P 为总功率上限。因此,信道容量为经过最佳功率分配后,所有子信道容量之和,可表示为

$$C = \sum_i B\log_2\left(1 + \frac{|H_i|^2 P_i}{N_0 B}\right) \tag{2.37}$$

$$\text{满足 } P_i^* = \max_{P_i}\sum_i P_i \leqslant P$$

式(2.37)与式(2.31)类似,区别在于式(2.37)功率分配在频域以确定方式进行,而式(2.31)的功率分配在时域以概率方式进行。因此,类似地,将式(2.37)变为具备约束条件的最优化问题,并令导数为 0,则得到当功率分配为

$$\frac{P_i}{\overline{P}} = \begin{cases} \dfrac{1}{\gamma_0} - \dfrac{1}{\gamma_1}, & \gamma_i \geqslant \gamma_0 \\ 0, & \gamma_i < \gamma_0 \end{cases} \tag{2.38}$$

时,最大信道容量为

$$C = \max_{i:\,\gamma_i \geqslant \gamma_0} B\log_2\left(\frac{\gamma_i}{\gamma_0}\right)(\mathrm{b/s}) \tag{2.39}$$

其中,中断门限 γ_0 可由下式计算得到:

$$\sum_i\left(\frac{1}{\gamma_0} - \frac{1}{\gamma_1}\right) = 1 \tag{2.40}$$

最大信道容量可通过为不同的子信道分配不同的功率和传输速率得到。对信噪比更高的子信道分配更大的功率和更高的传输速率。而当子信道开始恶化时,发送端将降低发送功率和传输速率。

水声通信信道为时频双选择性信道,假设水声通信信道的响应函数为 $H(f,t)$,带宽 B 被分为多个带宽为 B_c 的子信道,每个子信道是独立的时变平坦衰落信道,因此,对于第 i 个子信道,信道响应函数为 $H(f,t)=H_i(t)$,因此,可根据每个子信道分配的平均功率推导每个平坦衰落子信道的容量。对相互独立的子信道,在时域和频域的总容量为每个平坦衰落子信道的信道容量之和,可表示为

$$C = \sum_i C_i(\bar{P}_i)$$

$$满足 \ \bar{P}_i^* = \max_{P_i} \sum_i \bar{P}_i \leqslant \bar{P} \tag{2.41}$$

式中,$C_i(\bar{P}_i)$ 为第 i 个子信道的信道容量。则类似式(2.31)和式(2.37),根据注水分配算法,当满足式(2.38)时,可得到最大的信道容量为

$$C = \sum_i \int_{\gamma_0}^{\infty} B_c \log_2 \left(\frac{\gamma_i}{\gamma_0} \right) p(\gamma_i) \mathrm{d}\gamma_i (\mathrm{b/s}) \tag{2.42}$$

其中,每个子信道的中断门限 γ_0 相同,且可由下式计算得到:

$$\sum_i \int_{\gamma_0}^{\infty} \left(\frac{1}{\gamma_0} - \frac{1}{\gamma_i} \right) p(\gamma_i) = 1 \tag{2.43}$$

因此,若要获得最大信道容量,每个子信道的发送功率和传输速率需根据信道情况变化。然而实践中,受信道延迟与复杂度影响,很难达到最大信道容量。

2.8　本章小结

本章主要针对水声信道对水声通信系统的影响进行了研究。2.2 节对水声信道中的传播损失及环境噪声进行了介绍,基于这些知识,可以根据传输带宽、传输距离、发射功率等系统参数设计需要的信噪比。2.3 节研究了水声信道中的多径效应,多径效应分散了发送信号的功率,径数越多,传播损失越大。另外,多径效应还造成符号间的相互叠加,引起码间串扰的产生。2.4 节研究了水声信道的时变特性,多普勒效应造成了信号的扩展或压缩,给信号恢复带来极大困难。2.5 节比较了水声信道与几种典型的陆上无线信道,从相干时间、相干带宽等方面反映了水声通信信道的复杂性与特殊性。2.6 节将通信声呐方程引入水声通信系统的设计,综合考虑了水声信道特性对通信信号的影响,为水声通信系统设计提供了一个基本依据。2.7 节讨论了水声通信信道的信道容量,作为信道传输信息的上限,了解信道容量有助于根据信道情况选择最优的通信策略。

第 3 章
水声通信技术概述

3.1　引言

典型的水声通信系统包括发送端和接收端,发送端执行信道编码、调制、数模转换、上变频等步骤,将要发送的信息由二进制序列转换为模拟声信号,发送到水中;经水声信道的衰减、干扰等,接收端接收信号,对接收到的声信号下变频、模数转换、均衡、信道解码,最终获得已发送信息的估计。

根据水声信道的特点,对每个模块进行良好的设计是实现水下可靠数据传输的基础。下面分别对水声通信系统中主要模块的算法进行介绍。

3.2　调制技术

3.2.1　调制技术概述

调制是将信息数据以一种适合传输的方式编码的过程。一般地,调制改变周期波(称为载波信号)的特征,把基带信号转换到更高频带的载波上,使得调制后的信号包含要传输的所有信息。调制可以通过改变幅度、相位和频率来实现。解调是调制的逆过程,即从载波中提取基带信号。

调制是水声通信系统必不可少的模块,其性能主要通过功率效率和带宽效率衡量。一个好的调制技术,要能在低信噪比下得到低误码率的性能。

3.2.2　调制技术的分类

常见的数字调制技术如图 3.1 所示。调制技术按照调制信号的性质分为模拟调制技术和数字调制技术。

模拟调制技术将模拟基带或低通信号调制到模拟带通信道上,即调制信号和载波都是连续波。常见的模拟调制技术分为幅度调制(Amplitude Modulation,AM)和角度调制。AM 通过改变载波信号的幅度来表示调制信号,而角度调制后的包络是恒定的。常见的角度调制有频率调制(Frequency Modulation,FM)和相位调制(Phase Modulation,PM),其中,FM 中载波信号的频率随调制信号而变化,PM 中载波信号的相位随调制信号而变化。模拟调制技术易于设计,所需电路简单。但是,存在安全性差、易受干扰、信噪比低等缺点。因此,目前水声通信系统几乎不采用模拟调制技术。

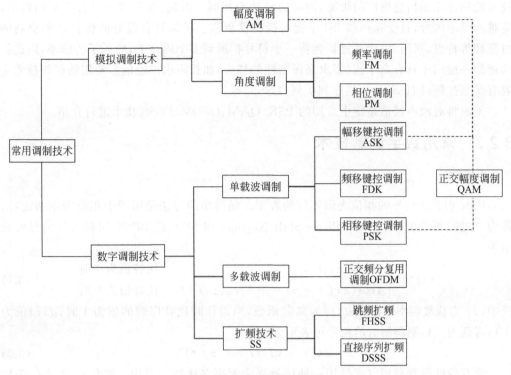

图 3.1　常用数字调制技术

数字调制技术将数字比特流转移到模拟通信信道上。相比模拟调制技术,数字调制技术具有抵抗信道噪声和外部干扰、系统操作灵活、可复用、信息安全性高、数字电路更可靠、可与信道编码技术联合检测并校正错误等优点,因此,在水声通信系统中,一般采用数字调制技术。数字调制技术分为单载波调制、多载波调制技术和扩频技术。

单载波调制技术采用一个信号载波传送所有的数据信号,如幅移键控(Amplitude-Shift Keying,ASK)、频移键控(FSK)、相移键控(PSK)、正交幅度调制(QAM)等。多载波调制将信道分成若干正交子信道,采用多个子载波信号,将需要传输的数据信号转换成多个并行的低速子数据流,然后调制到子信道上进行传输,如 OFDM 调制技术。

在单载波系统中,信道的一次衰落或干扰可能导致整个传输失效,而在多载波系统中,某一时刻的干扰只对少部分子信道产生深衰落或干扰,因此多载波系统具有较高的抗衰落与抗干扰的能力。然而,对于多载波系统,各子载波相位相同时的最大瞬时功率与平均功率的比值,即峰均比(Peak to Average Power Ratio,PAPR)往往很大,使得功率放大器的效率变低,而单载波可以避免这样的问题,因此在系统设计中可以采用更经济高效的功率放大器,技术更成熟且系统的稳定性更高。另外,单载波系统对频率偏移和相位噪声要求相对于多载波系统要低得多。因此,对于突发的点对多点的水声通信系统,单载波调制能够提高系统稳定性且系统设计更为简单。

扩频技术最初用于军事应用,通过将信道扩展到较大频带上来提供安全通信。扩频技术使用比原始信息更广的带宽,同时信号功率相同。因此,在频谱中没有明显的峰值,更难与噪声区分,且受噪声和 ISI 干扰时抵抗性更强。扩频具有很好的保密性和更高的可靠性等特点,然而,由于通过扩频将一个符号扩展到多个码片上,降低了传输率,因此扩频通信一般用于具有高干扰、要求高保密性的场合,如长距水声通信。常用的扩频技术主要有跳频扩频(FHSS)和直接序列扩频(DSSS)等。

下面将对水声通信系统中常用的 PSK、QAM、OFDM、DSSS 技术进行介绍。

3.2.3 常用数字调制技术

1. PSK

PSK 用载波信号的相位表示不同的数据。最简单的方法是用两个相位表示两比特,称为二进制相移键控(Binary Phase-Shift Keying, BPSK),经 BPSK 调制后的信号可表示为

$$x(t) = \begin{cases} A\cos(2\pi f_c t), & \text{比特值为 1 时} \\ A\cos(2\pi f_c t + \pi) = -A\cos(2\pi f_c t), & \text{比特值为 0 时} \end{cases} \tag{3.1}$$

式中,f_c 为载波频率。定义 $d(t)$ 为离散函数,当采样时比特序列的值为 1 时,$d(t)$ 值为 $+1$;否则为 -1,则调制后的信号可表示为

$$x(t) = Ad(t)\cos(2\pi f_c t) \tag{3.2}$$

更有效的带宽利用方式是用一种信号来表示更多比特。当用一种信号表示 L 个比特时,称为 M 进行 PSK,其中,$M = 2^L$ 为 L 个比特组成的所有可能的比特序列,则调制率 D 和数据速率 R 之间的关系为 $D = R/L$。例如,正交相移键控(QPSK)用一种信号表示两个比特,调制后的信号为

$$x(t) = \begin{cases} A\cos\left(2\pi f_c t + \dfrac{\pi}{4}\right), & \text{比特为 11 时} \\ A\cos\left(2\pi f_c t + \dfrac{3\pi}{4}\right), & \text{比特为 01 时} \\ A\cos\left(2\pi f_c t - \dfrac{3\pi}{4}\right), & \text{比特为 00 时} \\ A\cos\left(2\pi f_c t - \dfrac{\pi}{4}\right), & \text{比特为 10 时} \end{cases} \tag{3.3}$$

将两个比特流分别用 I 路和 Q 路表示,对比特 1 映射为 $\sqrt{1/2}$,比特 0 映射为 $-\sqrt{1/2}$,则式(3.3)可表示为

$$x(t) = \frac{1}{\sqrt{2}}I(t)\cos(2\pi f_c t) - \frac{1}{\sqrt{2}}Q(t)\sin(2\pi f_c t) \tag{3.4}$$

将 I 路信号作为横坐标,Q 路信号作为纵坐标,则得到 PSK 信号调制后的星座图,其中 QPSK 和 64PSK 的星座图如图 3.2 所示,可以看出,PSK 调制仅通过改变相位传输信息,幅度保持恒定。

在接收端,相干解调器分别对接收信号乘以余弦和正弦信号,可得到 I 路和 Q 路信号的估计。假设 AWGN 信道下,接收端接收的信号表示为

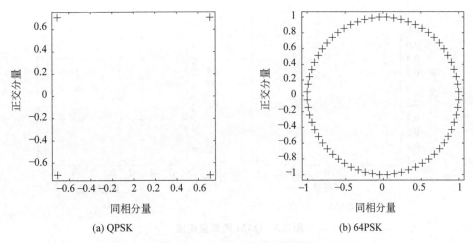

(a) QPSK　　　　　(b) 64PSK

图 3.2　PSK 信号调制后星座图

$$y(t) = x(t) + n(t) \tag{3.5}$$

式中，$n(t)$ 为 t 时刻的高斯白噪声样本，功率谱密度为 $N_0/2$。N_0 为 AWGN 的平均功率谱密度。对接收信号 $y(t)$ 乘以余弦信号得

$$
\begin{aligned}
r(t) &= y(t)\cos(2\pi f_c t) = x(t)\cos(2\pi f_c t) + n(t)\cos(2\pi f_c t) \\
&= \frac{1}{\sqrt{2}}I(t)\cos(2\pi f_c t)\cos(2\pi f_c t) - \frac{1}{\sqrt{2}}Q(t)\sin(2\pi f_c t)\cos(2\pi f_c t) + n(t)\cos(2\pi f_c t) \\
&= \frac{1}{2\sqrt{2}}I(t) + \frac{1}{2\sqrt{2}}\left[I(t)\cos(4\pi f_c t) - Q(t)\sin(4\pi f_c t)\right] + n(t)\cos(4\pi f_c t)
\end{aligned}
$$

$$\tag{3.6}$$

对 $r(t)$ 进行低通滤波，去除高频信号，则得到 I 路信号 $I(t)$。类似地，通过对接收信号乘以正弦信号，可得到 Q 路信号 $Q(t)$。

2. QAM

QAM 调制技术是 ASK 和 PSK 的组合技术，也是模拟调制技术的一类。QAM 采用 ASK 数字调制技术或 AM 模拟调制技术，通过改变两个载波的幅度来传输两个模拟信号或两个数字比特流，两个载波的频率相同，相位相差 90°，则

$$x(t) = d_1(t)\cos(2\pi f_c t) + d_2(t)\sin(2\pi f_c t) \tag{3.7}$$

式中，$d_1(t)$ 和 $d_2(t)$ 分别表示两路信号。

QAM 和 64QAM 调制星座图如图 3.3 所示，对比 PSK 星座图可以看出，QAM 调制通过改变相位和幅度传输信息。另外，PM 和 PSK 可看作 QAM 的特例，其传输信号幅度恒定，但相位变化。也可看作 FM 和 FSK 的扩展，它们都可看作相位调制的特例。因此 QAM 可以说是模拟调制技术或者数字调制技术。

PSK 和 QAM 是水声通信中的常用调制技术。在最优接收条件下，误符号率（Symbol Error Rate，SER）、BER 和带宽利用率如表 3.1 所示，其中 E_b 为比特信号功率。

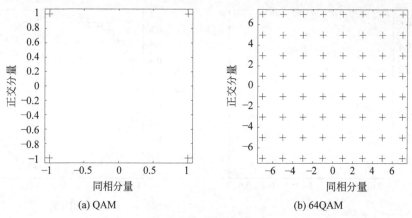

图 3.3   QAM 调制星座图

表 3.1 M 元调制下的 SER、BER 和带宽利用率[121]

调制方式	SER	BER	带宽利用率
PSK	$P_B \approx 2Q\left(\sqrt{\dfrac{2kE_b}{N_0}}\sin\dfrac{\pi}{M}\right)$	$P_b \approx \dfrac{1}{k}P_B$	$\dfrac{R_b}{W} = \dfrac{1}{2}\log_2 M$
QAM	$P_B \approx 4Q\left(\sqrt{\dfrac{3kE_b}{(M-1)N_0}}\right)$	$P_b \approx \dfrac{1}{k}P_B$	$\dfrac{R_b}{W} = \begin{cases} \dfrac{1}{2}\log_2 M, & M \leqslant 4 \\ \log_2 M, & M > 4 \end{cases}$

　　根据表 3.1,当 BER 为 10^{-4} 或 10^{-6} 时,M 元调制技术传输 1b 信息所需的 SNR 对比如表 3.2 所示。从表中可以看出,$M=4$ 时,PSK 调制和 QAM 调制传输 1b 信息需要的 SNR 是一致的,而随着 M 的增加,PSK 达到某一 BER 所需的 SNR 高于 QAM 调制,因此,在最优解调下,QAM 调制技术优于 PSK 调制技术。该表可以作为水声通信系统依据水声信道状况选择调制技术的依据。

表 3.2 M 元调制技术传输 1b 信息所需的 SNR 对比(dB)

BER	调制技术	$M=4$	$M=8$	$M=16$	$M=32$
10^{-4}	PSK	8.39	11.71	16.14	21.01
	QAM	8.39	11.28	12.19	14.41
10^{-6}	PSK	10.51	13.95	18.42	23.34
	QAM	10.51	13.25	14.39	16.59

3. OFDM

　　OFDM 是一种多载波调制技术,被广泛应用于宽带数字通信、移动数字通信和水声通信系统中。OFDM 是一种频分复用技术,将整个载波频带划分成多个正交子载波,每个子载波采用任意单载波调制技术,如 PSK、QAM 等,多个子载波同时传输数据,显著提升频带利用率高。OFDM 的主要优势在于可以采用简单的均衡技术处理恶劣信道环境下的高频衰减、窄带干扰、多径等问题。

OFDM 的调制过程如图 3.4 所示。假设子载波个数为 N，OFDM 调制时首先对要传输的比特流进行串并变换，给每个子载波上分配特定数目的比特，对每个子载波采用单载波调制技术进行调制，得到调制后的符号 $X_0,X_1,\cdots,X_{N-1}$。对这些符号进行逆傅里叶变换，得到 OFDM 基带信号。将基带信号的实部和虚部矢量分别与响应子载波的 cos 和 sin 分量相乘后，构成同相和正交信号。最终，将两信号相加后合成 OFDM 信号，通过天线传输到信道。因此，对于每个子载波信号，对应的载波频率为 $f_i=f_c+i/T$，其中 T 表示 OFDM 符号的宽度，f_c 为第 0 个子载波的载波频率。从而，可以将一个符号间隔内的 OFDM 符号表示为

$$x(t)=\mathrm{Re}\left\{\sum_{i=0}^{N-1}X_i\exp\left[\mathrm{j}2\pi\left(f_c+\frac{i}{T}\right)t\right]\right\},\quad 0\leqslant t\leqslant T \tag{3.8}$$

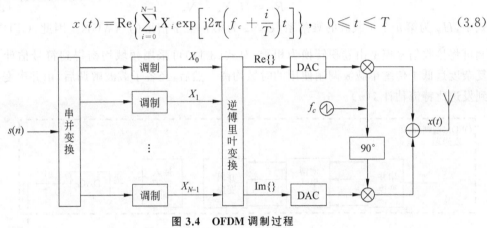

图 3.4　OFDM 调制过程

通过把传输数据流串并变换到 N 个并行的子信道中，使得每个子载波的数据符号间隔扩大到原始符号间隔的 N 倍，因此，时延扩展与符号间隔之比降低了 N 倍，降低了 ISI。为了最大限度地消除 ISI，可以在 OFDM 符号之间插入保护间隔。当保护间隔长度大于信道最大时延扩展时，一个符号的多径分量将不会对下一个符号造成干扰。然而，由于多径传播的影响，子载波之间的正交性遭到破坏，不同子载波之间产生干扰，因此出现信道间干扰(Inter-Carrier Interference，ICI)。

为了消除多径引起的 ICI，OFDM 符号需要在保护间隔内加入循环前缀(Cyclic Prefix，CP)，即将每个 OFDM 符号的后 T_g 长度内的数据复制到 OFDM 符号前面，形成前缀，此时 OFDM 的符号周期为 $T_s=T+T_g$，整个 OFDM 符号包含的波形周期个数为整数。这样，当时延长度小于保护间隔长度 T_g 时，该时延将不会在解调过程中产生 ICI。由于 CP 并不携带信息，加入 CP 后会带来功率和信息速率上的损失，其中，信息速率损失为 T_g/T，功率损失可计算为 $\alpha_g=10\log_{10}(T_g/T+1)$。因此，当保护间隔为 OFDM 符号的 20% 时，功率损失不到 1dB，但信息速率损失为 20%。然而，插入保护间隔可以消除 ISI 和多径引起的 ICI 的影响，因此，需要在设计系统的时候在通信性能和速率损失之间进行折中。

综上所述，完整的 OFDM 调制系统框图如图 3.5 所示。发送信号经过多径和噪声存

在的信道后,接收端接收的信号为

$$y(t) = x(t) * h(t,\tau) + n(t)$$

$$= \int_0^{\tau_{\max}} x(t-\tau) h(t,\tau) \mathrm{d}\tau + n(t) \tag{3.9}$$

式中,$h(t,\tau)$ 为多经信道冲激响应函数;$\tau_{\max}$ 为最大时延长度;$n(t)$ 为加性高斯白噪声。

对接收信号模数变换,按照 T/N 的抽样速率抽样得到接收序列,去掉保护间隔内的抽样序列后,进行傅里叶变换,可得到多载波解调序列,表示为

$$R_n = \frac{1}{\sqrt{N}} \sum_{i=0}^{N-1} y_i \exp(-\mathrm{j}2\pi n i/N), \quad n = 0,1,\cdots,N-1 \tag{3.10}$$

对式(3.9)进行傅里叶变换,则 R_n 可表示为

$$R_n = H_n X_n + N_n \tag{3.11}$$

式中,H_n 为第 n 个子载波的衰落系数;N_n 为第 n 个子信道的 AWGN。因此,OFDM 调制可将接收信号模型由卷积转换为相乘,对式(3.11)可采用频域均衡得到符号估计 $\hat{X}_n$,复杂度远低于传统单载波调制使用的时域均衡。然后,经各子载波解调后,由并串变换得到发送比特流估计 $\hat{s}(n)$。

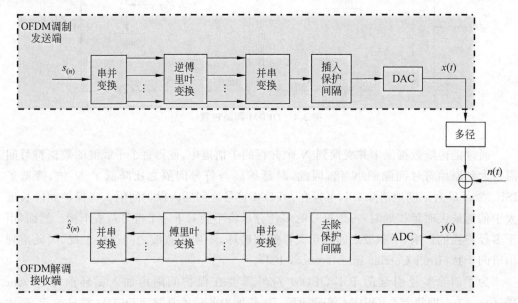

图 3.5   完整的 OFDM 调制系统框图

然而,对于多载波调制技术而言,每个子载波在传输信息时幅度和相位可以假设为独立随机事件,当子载波相位相近时,所有子载波叠加而成的信号会受到相同初始相位信号的调制,从而产生较大的瞬时功率峰值,由此进一步带来较高的峰值平均功率比:

$$\mathrm{PAPR} = \frac{\max\left[\,|\,x(n)\,|^2\,\right]}{E\left[\,|\,x(n)\,|^2\,\right]} \tag{3.12}$$

由于一般电子元件的放大器的线性响应范围都是有限的,所以 PAPR 较大的 OFDM 信号极易进入功率放大器的非线性区域,导致信号产生非线性失真,造成明显的频谱扩展干

扰以及带内信号畸变,导致整个系统性能严重下降。高峰值平均功率比已成为 OFDM 的一个主要技术阻碍。有较多学者研究如何降低 OFDM 信号的 PAPR[122-125]。

另一方面,在水声通信中,由多径传播和多普勒偏移引起的弥散衰落效应更加明显,显著影响 OFDM 的性能,因此不能直接应用已成熟的 OFDM 调制技术。近年来,很多研究聚焦在如何在双选择性信道中对 OFDM 传输进行均衡[75,126-127]。

4. DSSS

对于长距水声通信,水声环境进一步恶化。例如,信号严重衰减、多径长度将达几秒钟,远超出了普通水声通信系统中的一个符号间隔,对信号造成严重的破坏,因此在实践中一般采用直接序列扩频(DSSS)技术。

DSSS 将要发送的信息用伪随机(PseudoNoise, PN)扩展序列扩展到一个很宽的频带上去,PN 序列又称为码片,其码片速率远高于原始数据速率,使得调制后的信号更类似白噪声信号。在接收端,采用与发送端扩展用的相同的 PN 序列对接收到的信号进行解调,恢复发送的信息。具体说,就是将要发送信息与 PN 码模二加。例如,若 PN 序列为 01010001010,在发射端将 1 用 PN 序列代替,0 用 PN 序列取反代替,即完成了扩频,而在接收端,将 PN 序列用 1 代替,PN 序列取反后的序列用 0 代替,即完成了解扩。这样信源速率就被提高了 11 倍,同时也使处理增益达到 10dB 以上,从而有效地提高了系统性能。

图 3.6 给出了 DSSS 通信系统的发送端和接收端框图。发送端流程如图 3.6(a)所示,采用 DSSS 的系统可以首先对二进制流进行信道编码及交织,得到比特序列 $\boldsymbol{b}=[b_0,$ $b_1,\cdots,b_{N_b-1}]^\mathrm{T}$。然后进行符号映射,符号映射可选任意调制技术,如 M 进制 PSK 或 QAM,所有符号集合为 $S=\{s_1,s_2,\cdots,s_M\}$,得到 N 个符号 $\boldsymbol{d}=[\boldsymbol{d}_0,\boldsymbol{d}_1,\cdots,\boldsymbol{d}_{N-1}]^\mathrm{T}$,其中,$M$ 为调制阶数,$d_n\in S$,且 $N=N_b/\log_2 M$。假设扩频因子为 L,PN 序列为 $\boldsymbol{p}=[p_0,$ $p_1,\cdots,p_{L-1}]^\mathrm{T}$,则扩频后的数据为 $\boldsymbol{c}=[\boldsymbol{c}_0^\mathrm{T},\boldsymbol{c}_1^\mathrm{T},\cdots,\boldsymbol{c}_{N-1}^\mathrm{T}]^\mathrm{T}=[c_0,c_1,\cdots,c_{LN-1}]^\mathrm{T}$,其中

$$c=d_i\boldsymbol{p}, \quad i=0,1,\cdots,N-1 \tag{3.13}$$

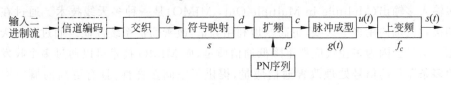

(a) 发送端

(b) 接收端

图 3.6 DSSS 通信系统的发送端和接收端框图

经过脉冲成型后,发送的复基带信号可表示为

$$u(t) = \sum_{i=0}^{LN-1} c_i g(t - iT_c)$$

$$= \sum_{n=0}^{N-1} \sum_{l=0}^{L-1} d_n p_l g(t - lT_c - nT) \tag{3.14}$$

式中，T 为符号间隔；T_c 为码片间隔，且有 $T = LT_c$。$g(t)$ 为脉冲成型滤波器响应。最后，将基带信号调制为载波为 f_c 的带通信号后，通过信道发送到接收端。

图 3.6(b)给出了 DSSS 通信系统的接收端框图。在信道中，发送信号经历了多径、噪声及多普勒扩展，接收到的信号可表示为

$$\tilde{z}(t) = \text{Re}\left\{ \sum_{r=0}^{L_p-1} h_r u[(1+\alpha)t - \tau_r] e^{j2\pi f_c[(1+\alpha)t - \tau_r]} \right\} + \tilde{n}(t)$$

$$= \text{Re}\left\{ \sum_{n=0}^{N-1} \sum_{l=0}^{L-1} d_n p_l e^{j2\pi f_c(1+\alpha)t} \sum_{r=0}^{L_p-1} h_r \cdot g[(1+\alpha)t - \tau_r - lT_c - nT] e^{-j2\pi f_c \tau_r} \right\} + \tilde{n}(t)$$

$$\tag{3.15}$$

式中，$\tilde{n}(t)$ 为噪声；τ_r 为第 r 条径的延时；h_r 为第 r 条径的幅度；α 为多普勒扩展因子。接收端首先通过自相关估计等方法进行同步，然后通过重采样消除多普勒扩展对信号的影响，在下变频及低通滤波后，对产生的基带信号以每个码片取 F 个样本进行采样。最后，用与发送端同样的 PN 序列进行解扩均衡及信道解码后，得到发送数据的估计。

扩频信号的频率类似白噪声谱，特别是在 PN 序列较长的情况下，因此 DSSS 频谱具有伪随机性，安全性好，在没有先验知识的情况下，很难获得信号参数及携带信息，如频谱带宽、码片数、PN 序列、载波频率等。由于多个码片间隔内解扩，背景噪声及干扰的能量分散到整个频带，而传输信号在整个符号间隔内具有相同的值，因此能量集中在零频附近。在符号间隔内积分或平均，相当于用低通滤波器滤波，从而提取了有用信号的能量，而去除了大部分噪声干扰的能量，因此可获得 $10\log_{10}L_p$(dB)的信噪比增益。

3.2.4　多输入多输出系统

多输入多输出(Multiple-In Multiple-Out，MIMO)是一种多天线技术。通过在发射机端和接收机端使用多个天线，更高效地利用频谱，改善通信系统性能。通过单一天线发射的无线信号会因为多径效应严重降低通信质量，而 MIMO 技术可以通过多个收发天线之间的多条路径的信号处理改善通信质量，提供了空间多样性，且有更高的概率恢复信号，即可靠性更高、信道容量更大。

MIMO 多天线收发示意图如图 3.7 所示，发送端通过 N_t 个天线同时发送不同的信号，接收端每个天线接收到来自 N_t 个发送天线的传输信号。对于线性时不变信道，某一时刻接收天线收到的信号可描述为[128]

$$y = Hx + W \tag{3.16}$$

式中，x 为 N_t 个发送信号组成的矢量；y 为 N_r 个接收天线收到的信号；w 为 N_r 维加性高斯白噪声；H 为 $N_r \times N_t$ 维信道矩阵，其第 i 行第 j 列的值 h_{ij} 为第 i 个发送天线到第 j 个接收天线之间的信道增益。另外，对所有发送天线上的信号，总功率约束为 P。

对信道矩阵 H 进行奇异值分解(Singular Value Decomposition，SVD)，有

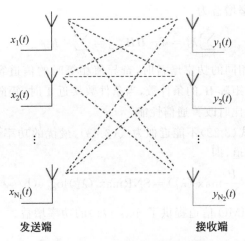

发送端　　　　　　　　　　　　接收端

图 3.7　MIMO 多天线收发示意图

$$H = U\Lambda V^*$$ (3.17)

其中，U 和 V 分别为 $N_r \times N_r$ 维和 $N_t \times N_t$ 维酉矩阵，即 $UU^* = U^*U = I$，$VV^* = V^*V = I$；Λ 为 $N_r \times N_t$ 维矩阵，其对角元素为非负实数，非对角元素为 0。将对角元素从大到小排列，$\lambda_1 \geqslant \lambda_2 \geqslant \cdots \geqslant \lambda_{N_m}$ 为 H 的奇异值，$N_m = \min(N_r, N_t)$。因此，式(3.17)可表示为

$$H = \sum_{i=1}^{N_m} \lambda_i u_i v_i^*$$ (3.18)

式中，u_i 和 v_i 分别为 U 和 V 的第 i 列元素。

若定义：

$$\begin{cases} \tilde{x} = V^* x \\ \tilde{y} = U^* y \\ \tilde{w} = U^* w \end{cases}$$ (3.19)

式中，变换后 $\tilde{w}$ 依旧为高斯白噪声，且 $\|\tilde{x}\|^2 = \|x\|^2$，即发送信号能量不变，则式(3.16)可表示为

$$\tilde{y} = \Lambda \tilde{x} + \tilde{w}$$ (3.20)

上式可由多个并行高斯信道来等价表示，即

$$\tilde{y}_i = \lambda_i \tilde{x}_i + \tilde{w}_i, \quad i = 1, 2, \cdots, N_m$$ (3.21)

因此，MIMO 技术下的信道容量可表示为[129]

$$C = \sum_{i=1}^{N_m} \log\left(1 + \frac{P_i \lambda_i^2}{N_0}\right)$$ (3.22)

式中，P_i 为注水算法分配的第 i 个信道功率。

将信道分为高信噪比和低信噪比两种情况分别讨论。当信道信噪比较高时，功率分配算法对非 0 的 λ_i^2 分配相同的功率，则式(3.22)可表示为

$$C \approx \sum_{i=1}^{k} \log\left(1 + \frac{P \lambda_i^2}{k N_0}\right) \approx k \log \text{SNR} + \sum_{i=1}^{k} \log\left(\frac{\lambda_i^2}{k}\right) (\text{b/s} \cdot \text{Hz})$$ (3.23)

式中，$\text{SNR} = P/N_0$；k 为非 0 的 λ_i^2 的数目，即 H 的秩。若将能量均匀分配到各发送天

线,则矩阵信道的总功率增益为

$$\sum_{i=1}^{k}\lambda_i^2 = \text{Tr}[\boldsymbol{HH}^*] = \sum_{i,j}|h_{ij}|^2 \tag{3.24}$$

因此,当每个信道都有相同的功率增益时,奇异值相等时的信道容量最高。将 λ_i 的最大值与最小值之比定义为矩阵 $\boldsymbol{H}$ 的条件数,当条件数接近 1 时,矩阵 $\boldsymbol{H}$ 为良态矩阵。良态信道矩阵可以在高信噪比时改善通信性能。

当信噪比较低时,式(3.22)不能近似为式(3.23),最优的功率分配策略为将功率分配给最高特征值所在的信道,即

$$C \approx \frac{P}{N_0}\max_i(\lambda_i^2) = \text{SNRmax}_i(\lambda_i^2)\log_2 e(\text{b/s} \cdot \text{Hz}) \tag{3.25}$$

因此,在低信噪比下,MIMO 信道提供了 $\max_i(\lambda_i^2)$ 的功率增益。

3.3　信道编码技术

3.3.1　信道编码技术概述

信道编码是通过增加数据冗余提高通信系统可靠性的一种方法。香农(Shannon)指出并证明了若信道容量为 C,信源产生信息的速率为 R,只要 $C \geqslant R$,则总可以找到一种信道编码方式实现无误传输;若 $C < R$,则不可能实现无误传输[130]。满足定理的码必须满足 3 个条件:

(1) 用随机的方式构造;

(2) 码长是渐进渐长的;

(3) 采用最大似然解码。

然而,香农并没有给出一种满足定理的具体的编码构造方式。

自 20 世纪 50 年代以来,信道编码技术经历了如下 4 个阶段。

(1) 20 世纪 50 年代的编码方式主要是汉明码[131]和 RM(Reed Muller)码[132-133]。这些码构造较为简单,但是仅适用 AWGN 信道,且采用硬判决解码,性能上有所损失。

(2) 20 世纪 60 年代出现了循环码中的好码 BCH 码及多进制下的 RS 码,以及大量解码方法,如门限解码、序列解码、软判决解码、Viterbi 解码等。另外,1962 年 Gallager 提出了 LDPC 码[69],但是由于当时计算机水平的限制,并没有引起重视。

(3) 20 世纪 70 年代及 80 年代期间 Goppa 码[134]、级联码和卷积码的软判决解码相继被提出。1982 年提出的 TCM 技术将卷积码与调制技术相结合,可以在不增加带宽和不改变信息速率的情况下获得 3~6dB 的增益[135]。

(4) 20 世纪 90 年代以来,Turbo 码的提出[66]和 LDPC 码的再发现[136]是信道编码领域的重要成果。Turbo 码将卷积码和随机交织器结合起来,实现了随机编码的思想,同时采用软输出的迭代解码来逼近最大似然解码。在 AWGN 信道中,信噪比大于 0.7dB 时,码率为 1/2 的 Turbo 码的 BER 小于 10^{-5},近似达到了香农极限的性能。同时,对 LDPC 码的研究发现,该码也是一种接近香农极限的码,其性能甚至超过 Turbo 码。仿真表明,在 BPSK 调制下,码率 1/2、码长 10^7 的非规则 LDPC 码在 BER 为 10^{-5}

时的性能距香农极限仅有 0.0045dB[137]，是目前已知最接近香农极限的码。另外，与其他编码方式相比，LDPC 码具有对相关衰落的衰落速度不敏感，良好的自交织性，解码方法简单，合理构造校验矩阵，误码平台较低等特性，因此，LDPC 码迅速成为编码领域的热点。

3.3.2　信道编码技术的分类

信道编码技术按照信息数据与校验数据之间的约束关系分为分组码和卷积码。分组码编码时，将信息数据按每 K 位分为一组，对每组的信息数据计算校验数据。因此，分组码中的校验数据仅与本组内的信息码元之间有确定的数据关系，而与其他组的信息数据无关。而卷积码中的校验数据不仅与本组的信息数据有关，还与其前面若干组的信息数据有关。

图 3.8　系统码构造图

按照信息数据与校验数据的位置关系分为系统码和非系统码。编码后，将信息数据放在码字的前部，校验数据放在码字的后面，这样的码叫作系统码。例如，由 K 个信息比特和 M 个校验比特共 N 个比特组成的系统码的构造如图 3.8 所示。而信息位与校验位交替进行的码为非系统码。

3.3.3　几种经典的信道编码算法

1. 汉明码

第一个使用的码是香农提出的 $(7,4)$-汉明码，即对于每 4 个信息比特，加入 3 个校验比特，编码后得到 7b 数据，因此编码码率为 $R=4/7$。

$(7,4)$-汉明码的编解码规则如图 3.9 表示。信息比特序列表示为 $\boldsymbol{u}=(u_0,u_1,u_2,u_3)$，校验比特序列表示为 $\boldsymbol{p}=(p_0,p_1,p_2)$。汉明码编码规则为图 3.9 每个圈内的信息比特与检验比特共有偶数个 1，即每个圈内的数据进行二进制相加的结果为 0。基于该编码规则，校验比特可计算为

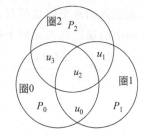

图 3.9　$(7,4)$-汉明码的编解码规则示意图[138]

$$\begin{cases} p_0 = u_0 + u_2 + u_3 \\ p_1 = u_0 + u_1 + u_2 \\ p_2 = u_1 + u_2 + u_3 \end{cases} \tag{3.26}$$

编码后的码字为 $\boldsymbol{z}=(\boldsymbol{u},\boldsymbol{p})=(u_0,u_1,u_2,u_3,p_0,p_1,p_2)$。

接收端接收到经信道噪声及干扰的码字后进行解码。假设接收到的码字表示为 $\hat{\boldsymbol{z}}=(\hat{u}_0,\hat{u}_1,\hat{u}_2,\hat{u}_3,\hat{p}_0,\hat{p}_1,\hat{p}_2)$，由于校验位与相关信息位共有偶数个 1，当接收到的数据不满足该限制时，可判断必定有错误比特。基于此，$(7,4)$-汉明码的解码规则为，按照编码算法计算下式：

$$\begin{cases} x_0 = \hat{u}_0 + \hat{u}_2 + \hat{u}_3 + \hat{p}_0 \\ x_1 = \hat{u}_0 + \hat{u}_1 + \hat{u}_2 + \hat{p}_1 \\ x_2 = \hat{u}_1 + \hat{u}_2 + \hat{u}_3 + \hat{p}_2 \end{cases} \tag{3.27}$$

然后,查看不为 0 的校验位所在的位置,根据图 3.9 定位错误比特位置。如果 (x_0, x_1, x_2) 全为 0,则校验不出任何错误。如果 (x_0, x_1, x_2) 中有一个 1,则为校验位错误,1 的位置即为错误校验位所在的位置,即若 $x_1 = 1$,则表示 p_1 在传输过程中发生错误。如果 (x_0, x_1, x_2) 中有两个 1,则根据 1 的位置和图 3.1 判断两个圈相交处的信息位。例如,若 $(x_0, x_1, x_2) = (1, 1, 0)$,则表示圈 0 和圈 1 相交处的比特 $\hat{u}_0$ 错误。如果 (x_0, x_1, x_2) 中有三个 1,则表示 3 个圈相交的比特发生错误,即 $\hat{u}_2$ 错误。定位错误位置后,将错误比特转换为相反比特则完成数据的校正。

汉明码的校验能力可用汉明距表示。两个长度为 n 的码字 x_1 和 x_2 的汉明距 $d_H(x_1, x_2)$ 表示为码字中不一致的比特的数目。例如,$d_H(1000110, 1010011) = 3$。可以通过穷举方法验证,汉明码中任意两个不同的码字的汉明距 $d_H(z_1, z_2) \geqslant 3$。由于该码的最小汉明距离为 3,因此码字 z_1 若超过 1b 传输错误时,很可能误判为与它最接近的另一个码字,因此,(7, 4)-汉明码仅能改正一个错误。

汉明码构造简单,编解码效率高,然而该码只能恢复出 1b 错误信息,且在 AWGN 编码增益不超过 3dB[139]。

2. 卷积码

另一个简单有效的编码方法为卷积码。卷积码是一种有记忆的信道编码方式,表示为 (n, k, L),其中 k 为信息比特数目,n 为编码后的码字数目,L 为约束长度,卷积码码率可表示为 $R = k/n$。卷积码将 k 个信息比特编码形成 n 个比特,编码后的 n 个比特不但与当前输入的 k 个信息位有关,还与之前的 $L-1$ 组的信息有关,其编码结构如图 3.10 所示。图中的加法在二元域上进行,因此加法器为模二加法器。

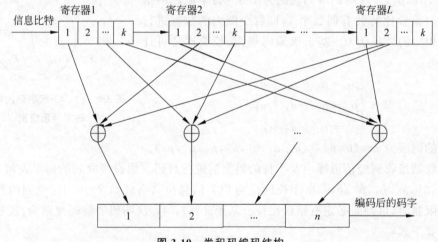

图 3.10 卷积码编码结构

为了说明编码器的执行过程,以一个四状态、码率为 $1/2$ 的卷积码编码器为例,如图 3.11 所示。编码器状态定义为两个寄存器单元中的数据,因此编码器是四状态的。编码器的上下两部分为操作在二元域上的离散时间有限冲激滤波器,上面滤波器的冲激响应可表示为 $g^{(1)}=[1\ 1\ 1]$,下方滤波器的冲激响应为 $g^{(2)}=[1\ 0\ 1]$,则编码器输出为输入信息序列 $\boldsymbol{u}$ 与滤波器的卷积,即

$$\begin{cases} z_1 = \boldsymbol{u} \otimes g^{(1)} \\ z_2 = \boldsymbol{u} \otimes g^{(2)} \end{cases} \tag{3.28}$$

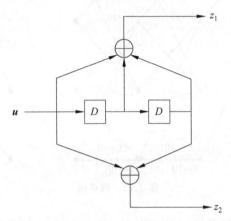

图 3.11　四状态、码率为 1/2 的卷积码编码器

由于时域的卷积为变换域的乘积,因此,式(3.28)可重写为

$$\begin{cases} z_1(D) = u(D)g^{(1)}(D) \\ z_2(D) = u(D)g^{(2)}(D) \end{cases} \tag{3.29}$$

式中,D 等价于离散时间延迟器 z^{-1},其中的多项式系数为对应矢量中的元素,即 $g^{(1)}(D)=1+D+D^2$,$g^{(2)}(D)=1+D^2$。

因此,编码过程可简化为

$$\begin{aligned} [z_1(D)\ z_2(D)] &= u(D)[g^{(1)}(D)\ g^{(2)}(D)] \\ &= u(D)\boldsymbol{G}(D) \end{aligned} \tag{3.30}$$

其中,矩阵 $\boldsymbol{G}(D)=[g^{(1)}(D)\ g^{(2)}(D)]$ 为卷积码的生成矩阵,多项式 $g^{(1)}(D)$,$g^{(2)}(D)$ 被称为生成多项式。

该码的结构可通过图 3.12 所示的网格图表示[114],其中,每个状态转移用输入和响应的输出标记,输入长度为 M。任意 k 时刻的编码器被前面的数据 D_{k-1} 和 D_{k-2} 影响,因此,该卷积码的约束长度为 2。一般来说,如果编码输出依赖于当前输入及前 L 个比特,则码的约束长度为 L。如果约束长度为 L,根据 0,1 值的不同,编码器有 2^L 个可能的状态,在每个时刻网格图将包含 2^L 个节点。对于图 3.12 所示的网格图,编码器有 4 个可能的状态,在每个时刻有 4 个节点,输入 0 或 1 将从一种状态转移到另一种状态。假设在第 0 时刻,$D_{-1}=D_{-2}=0$,则在第 1 时刻,若输入比特值为 0,则根据式(3.30),输出编码序列为 00;若输入比特值为 0,则根据式(3.30),输出编码序列为 11。在第 2 时刻,每个状态输

入 0,1,输出为不同状态。

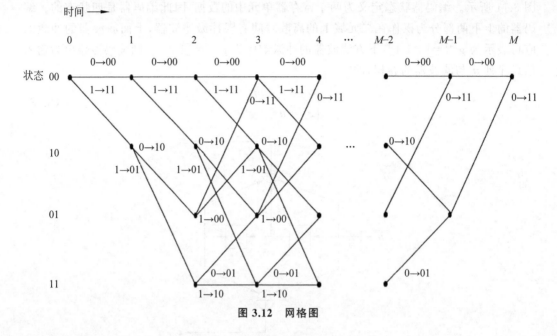

图 3.12   网格图

编码后的码字 z 调制后通过信道传输,接收端由卷积码解码器解码。假设对于 AWGN 信道,第 i 个编码比特映射为

$$x_i = (-1)^{z_i} \tag{3.31}$$

因此,映射后的 $x_i \in \{1, -1\}$。经 AWGN 信道传输后,接收到的数据表示为 y_i,则

$$y_i = x_i + n_i \tag{3.32}$$

式中,n_i 为信道中的噪声和干扰。

假定 AWGN 信道的转移概率密度函数表示为

$$p(y_i \mid x_i) = \frac{1}{\sqrt{2\pi}\sigma} \exp[-(y_i - x_i)^2 / (2\sigma^2)] \tag{3.33}$$

式中,σ^2 为零均值高斯噪声样本 n_i 的方差。

因此,码字的最大似然估计可表示为

$$
\begin{aligned}
\hat{z} &= \arg \max_z p(\boldsymbol{y} \mid \boldsymbol{x}) \\
&= \arg \max_z \sum_i \log \left(\frac{1}{2\pi\sigma} \exp[-(y_i - x_i)^2 / (2\sigma^2)] \right) \\
&= \arg \max_z \sum_i (y_i - x_i)^2 \\
&= \arg \max_z d_E(\boldsymbol{y}, \boldsymbol{x})
\end{aligned} \tag{3.34}
$$

式中,

$$d_E(\boldsymbol{y}, \boldsymbol{x}) = \sqrt{\sum_i (y_i - x_i)^2} \tag{3.35}$$

为 y 和 x 之间的欧几里得距离。因此,最大似然估计方法选择离信道输出 y 的欧几里得距离最近的序列作为解码后的码序列。原则上,因为网格模拟了所有的码序列,所以可采用对网格图穷举搜索的方法找到离 y 距离最近的序列。若网格分支(边)有 M 个,则计算每条路径上的欧几里得距离为

$$D_M = \sum_{m=1}^{M} \lambda_m \tag{3.36}$$

式中,λ_m 为第 m 条边的分支度量,计算为

$$\lambda_m = \sum_{i=1}^{n} d_E(y_i^{(m)}, x_i^{(m)}) = \sum_{i=1}^{n} (y_i^{(m)} - x_i^{(m)})^2 \tag{3.37}$$

然而,直接对每条径计算的计算量非常巨大。例如,对于码率为 $k/(k+1)$ 的码,网格分支有 M 个时所有码序列数目为 2^{kM} 个。

Viterbi 算法是一个经典的解码算法。Viterbi 算法复杂度仅为 $O(2^L)$ 且不会损失性能。具体流程如下。

(1) 定义。

$\lambda_m(s', s)$:从 $m-1$ 时刻处于状态 s',到 m 时刻处于状态 s 之间的分支度量,其中,$s', s \in \{0, 1, 2, \cdots, 2^L - 1\}$。

$D_{m-1}(s')$:$m-1$ 时刻处于幸存状态 s' 时的累积度量,即幸存路径上的分支度量之和。

$D_m(s', s)$:从 $m-1$ 时刻处于状态 s',扩展到 m 时刻处于状态 s 的路径的临时累计度量,且 $D_m(s', s) = D_{m-1}(s') + \lambda_m(s', s)$。

(2) 初始化:对所有状态 $s' \in \{1, 2, \cdots, 2^L - 1\}$,令 $D_0(0) = 0, D_0(s') = -\infty$。$m = 1$。

(3) 计算所有可能的分支度量 $\lambda_m(s', s)$。

(4) 对 $m-1$ 时刻的每个状态 s' 和 m 时刻所有可能从状态 s' 到达的状态 s,计算 $D_m(s', s) = D_{m-1}(s') + \lambda_m(s', s)$。

(5) 对 m 时刻的每个状态 s,在 $D_m(s', s)$ 中选择最小值所在的路径并作为幸存路径存储,删去进入该状态的其他路径,则幸存路径向前延长一个分支。这时计算状态 s 的累积度量为

$$D_m(s) = \min_{s'} D_m(s', s) \tag{3.38}$$

(6) 令 $m = m+1$,重复步骤(2)~(5),直到 $m = M$。所存储的路径上的信息比特即为解码出的序列。

3. Turbo 码

大多数情况下,Turbo 码指的是一种并行级联卷积码(Parallel-Concatenated Convolutional Code, PCCC),其编码器是由两个卷积编码器通过一个交织器并行级联而成,如图 3.13 所示。PCCC 编码器由两个码率为 1/2 的递归系统卷积(Recursive Systematic Convolutional, RSC)编码器构成,两个编码器用 K 比特交织器分离,并分别编码后,采用一个可选的删余策略。如果没有删余策略,图 3.13 将 K 个数据比特编码为 $3K$ 个比特,则该 Turbo 码的编码码率为 1/3。

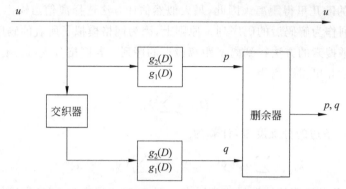

图 3.13　标准并行级联卷积码编码器

一般地，PCCC 中 RSC 码是相同的，且生成矩阵为

$$G(D) = \left[1 \quad \frac{g_2(D)}{g_1(D)} \right] \tag{3.39}$$

交织器是 Turbo 码的重要组成部分，通过对输入比特排序以伪随机方式进行重新排序，降低数据之间的相关性，增大最小汉明距，以实现随机编码。交织器的选择对 Turbo 码的性能具有重大影响，对交织器长度、交织规则等因素需根据系统综合考虑。根据香农理论，随着码长的增加，编码增益增加。因此，选择的交织器长度越长，码长越长，Turbo 码的性能越好。一个经典的交织器是 S 随机交织器。对任意两个输入间隔为 S 的数据比特，交织后的输出间隔大于 S，其中 S 要尽可能大。

删余器通过删去选择的比特降低编码冗余。最方便的一种是仅删去部分校验比特，否则解码器将不得不重新设计。例如，为了使图 3.13 所示编码器的码率为 1/2，可以从第一个 RSC 中删去所有偶数校验位，从第二个 RSC 中删去所有奇数校验位。然而，当仅删去校验位时，不能保证获得的码字具有最大的最小码字间汉明距离。

类似卷积码，Turbo 码经调制后发送到信道中，接收端收到带噪信号 y_m 后，通过 Turbo 码解码器获得信息比特。解码算法通过两个卷积解码器之间的软信息迭代而实现，但是由于卷积码的 Viterbi 解码算法输出为硬输出，因此不能直接用于 Turbo 码解码。一种方法是改进 Viterbi 算法使之可以进行软信息输出，称为软输出 Viterbi 算法（Soft-Output Viterbi Algorithm，SOVA）。SOVA 算法主要做了如下两点改进：

（1）计算分支度量时，加入了先验信息，且在两个分量解码器之间传递该信息；

（2）输出后验概率，而不是硬输出。

假设卷积码码率为 $1/n$，累积欧几里得距离度量为

$$D_m(s) = \min\{D_{m-1}(s') + \lambda_m(s', s), D_{m-1}(s'') + \lambda_m(s'', s)\} \tag{3.40}$$

式中，s' 和 s'' 为能到达状态 s 的两个状态；$\lambda_m(s', s)$ 为从状态 s' 到状态 s 转移的分支度量。通过前文介绍的 Viterbi 解码器选择两个度量的最小值为幸存者。

定义判决可信度为正确比特/错误比特的对数似然比，为

$$\rho = \ln\left(\frac{1 - \Pr(\text{error})}{\Pr(\text{error})} \right) \tag{3.41}$$

令 S_1 为事件来自 s' 的正确路径，D_2 为事件来自 s'' 的路径，定义

$$\begin{cases} C'_m = D_{m-1}(s') + \lambda_m(s',s) \\ C''_m = D_{m-1}(s'') + \lambda_m(s'',s) \end{cases} \tag{3.42}$$

使得当事件 D_2 发生时，$C''_m \leqslant C'_m$。则应用贝叶斯准则可得到

$$\mathrm{pr(error)} = \Pr(D_2 \mid \boldsymbol{y}, S_1) = \frac{\Pr(D_2)}{\Pr(S_1)} \Pr(S_1 \mid \boldsymbol{y}, D_2)$$

$$= \Pr(S_1 \mid \boldsymbol{y}) = \frac{p(\boldsymbol{y} \mid S_1)\Pr(S_1)}{p(\boldsymbol{y})}$$

$$= \frac{p(\boldsymbol{y} \mid S_1)\Pr(S_1)}{p(\boldsymbol{y} \mid S_1) + p(\boldsymbol{y} \mid S_2)}$$

$$= \frac{\exp[-C'_m/(2\sigma^2)]}{\exp[-C'_m/(2\sigma^2)] + \exp[-C''_m/(2\sigma^2)]}$$

$$= \frac{1}{1 + \exp[(C'_m - C''_m)/(2\sigma^2)]}$$

$$= \frac{1}{1 + \exp[\Delta_m/(2\sigma^2)]} \tag{3.43}$$

式中，Δ_m 为 m 时刻临时度量幅度差，$\Delta_m = (C'_m - C''_m)$。则由式(3.43)可知

$$\frac{\Delta_m}{2\sigma^2} = \ln\left(\frac{1 - \Pr(\mathrm{error})}{\Pr(\mathrm{error})}\right) = \rho \tag{3.44}$$

注意到 ρ 中包含噪声方差 σ^2，而标准 Viterbi 算法中没有，因此考虑将欧几里得距离分支度量 $\lambda_m(s',s)$ 替换为以下分支度量：

$$\gamma_m(s',s) = u_m \frac{L^e(u_m)}{2} + u_m \frac{y_m^u}{\sigma^2} + p_m \frac{y_m^p}{\sigma^2} \tag{3.45}$$

式中，$L^e(u_m) = \log\left(\dfrac{\Pr(u_m = +1)}{\Pr(u_m = -1)}\right)$ 为先验信息。则规整化度量为

$$\begin{cases} C'_m = D_{m-1}(s') + \gamma_m(s',s) \\ C''_m = D_{m-1}(s'') + \gamma_m(s'',s) \end{cases} \tag{3.46}$$

基于上式，累计度量可计算为

$$D_m(s) = \max\{C'_m, C''_m\} \tag{3.47}$$

因此，度量幅度差可定义为

$$\Delta_m = \frac{\mid C'_m - C''_m \mid}{2} \tag{3.48}$$

利用式(3.45)～式(3.48)，可计算度量可信度为 $\rho = \Delta_m/2$。

　　通过 Δ_m 可得到路径可信度，然而用于软输出的为比特级可信度。为了得到比特 u_m 的软输出，首先获取延迟 δ 的硬判决 $\hat{u}_m$，其中 δ 为解码深度。在 $m+\delta$ 时刻，选择度量最大的幸存路径。然后回溯此路径，获取硬判决 $\hat{u}_m$。路径上有 $\delta+1$ 个被丢弃的非幸存路径，且每条非幸存路径有特定的度量差 Δ_j，其中 $m \leqslant j \leqslant m+\delta$。则硬判决 $\hat{u}_m$ 的比特级可信度定义为

$$\Delta_m^* = \min\{\Delta_m, \Delta_{m+1}, \cdots, \Delta_{m+\delta}\} \tag{3.49}$$

则对比特 u_m 的软输出计算为

$$\mathrm{LLR}_{\mathrm{SOVA}}(u_m) = \hat{u}_m \Delta_m^* \tag{3.50}$$

Turbo 码解码流程如图 3.14 所示,其中 L_1^{total} 和 L_2^{total} 分别为解码器 $D1$ 和 $D2$ 输出的总对数似然信息,$L_{1\to2}$ 为从解码器 $D1$ 传送到解码器 $D2$ 的外部信息,$L_{2\to1}$ 为从解码器 $D2$ 传送到解码器 $D1$ 的外部信息。u' 为 u 交织后的结果。解码器 $D1$ 接收带噪信息数据 y_m^u 和带噪校验数据 y_m^p,解码器 $D2$ 仅接收带噪校验数据 y_m^q。迭代解码过程为 $D1\to D2\to D1\to D2\to\cdots$。图 3.14 所示的 Turbo 解码器可看作两个 SOVA 解码器的组成,$\{\mathrm{LLR}_{\mathrm{SOVA}}(u_m)\}$ 为总 LLR 输出,信息比特的估计通过以下判决计算为

$$\hat{u}_m = \mathrm{sign}(\mathrm{LLR}_{\mathrm{SOVA}}(u_m)) \tag{3.51}$$

式中,$\mathrm{sign}(\cdot)$ 表示取符号操作。

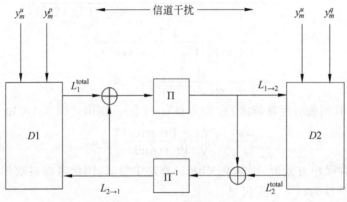

图 3.14　Turbo 码解码流程

4. LDPC 码

LDPC 码是一种线性分组码,当传输数据量较大时,能够提供近似香农极限的性能。对比 Turbo 码,LDPC 码有良好的自交织性、低误码平台、低解码复杂度、在频率选择性衰落信道中性能更优等优势,近年来被应用于水声通信。3.4 节将详细介绍 LDPC 码的校验矩阵的表示及构造、编解码算法。

3.4　低密度奇偶校验码

3.4.1　LDPC 码的矩阵表示与 Tanner 图表示

对于长度为 K 的信息序列 u,经过编码后根据预定的规则转化为长度为 N 的码字 z,称为 (N,K)-LDPC 码,其中 $N(>K)$ 表示码长。

定义包含 $K\times N$ 个元素的生成矩阵为 G,码字 z 可通过信息序列 u 与生成矩阵 G 的乘积获得,计算为

$$z = uG \tag{3.52}$$

与生成矩阵 G 相对的矩阵是 $M\times N$ 维的校验矩阵 H,校验矩阵与码字互为零空间,

即有

$$Hz^T = 0_M \tag{3.53}$$

式中，$M = N - K$ 表示校验位的数目，0_M 为 M 维列矢量；上标 T 表示矩阵转置。假设生成矩阵 G 经过初等变换后有系统矩阵的形式，即

$$G = [I_K, A] \tag{3.54}$$

式中，I_K 表示 K 阶单位矩阵；A 包含 $K \times M$ 个元素。则对应的校验矩阵可表示为

$$H = [-A^T, I_M] \tag{3.55}$$

当 H 中的各行线性独立时，LDPC 码的码率为

$$R = \frac{K}{N} = 1 - \frac{M}{N} \tag{3.56}$$

例如，假设 $(7,4)$ 码的生成矩阵 G 表示为

$$G = \begin{bmatrix} 1 & 1 & 1 & 1 & 1 & 1 & 1 \\ 1 & 0 & 0 & 0 & 1 & 0 & 1 \\ 1 & 1 & 0 & 0 & 0 & 1 & 0 \\ 0 & 1 & 1 & 0 & 0 & 0 & 1 \end{bmatrix} \tag{3.57}$$

则经过初等行列变换后，可将其变换为标准系统矩阵形式，有

$$G = \begin{bmatrix} 1 & 0 & 0 & 0 & 1 & 0 & 1 \\ 0 & 1 & 0 & 0 & 1 & 1 & 1 \\ 0 & 0 & 1 & 0 & 1 & 1 & 0 \\ 0 & 0 & 0 & 1 & 0 & 1 & 1 \end{bmatrix} \tag{3.58}$$

则校验矩阵 H 可表示为

$$H = \begin{bmatrix} 1 & 1 & 1 & 0 & 1 & 0 & 0 \\ 0 & 1 & 1 & 1 & 0 & 1 & 0 \\ 1 & 1 & 0 & 1 & 0 & 0 & 1 \end{bmatrix} \tag{3.59}$$

由于 H 是行满秩的矩阵，因此可得该 LDPC 码的码率为 $R = 4/7$。需要注意的是，式 (3.59) 仅为一个示例，实际上的 LDPC 码的校验矩阵具有稀疏的特点，即矩阵中各行的 1 的数目（行重）远远小于 N，且各列中 1 的数目（列重）远远小于 M，因此称为"低密度"码。

1981 年，Tanner 引入了校验矩阵的二分图表示[140]，该图不仅可以完全表示 LDPC 码，还可以辅助进行解码，又被称为 Tanner 图。LDPC 的 Tanner 图类似于卷积码中的网格图，提供了码的完全表示，并可辅助解码算法的描述。

Tanner 图是一个二分图，即图中所有的节点被分成两个集合，图中的边连接来自不同集合中的两个节点。Tanner 图中的两类节点为变量节点和校验节点，分别表示为 v_n 和 c_n。对 LDPC 码的校验矩阵而言，每行对应一个校验节点，每列对应一个变量节点。一个码的 Tanner 图按如下方法绘制：如果校验矩阵 H 中第 i 行第 j 列元素 $h_{i,j}$ 为 1，则表示第 i 个校验节点和 j 个变量节点之间有一条边连接。因此，Tanner 图中有 M 个校验节点，N 个变量节点。

Tanner 图中，与节点相连的边的数目成为节点的度数（degree）。图中的环（cycle）指的是一个闭合环路，其首节点和尾节点相同并且每条边只用了一次。环中边的数目称为环的

长度(length),图中最短的环的长度称为周长(girth)。如果每个校验节点连接的变量节点相同且每个变量节点连接的校验节点相同,该 Tanner 图为规则 Tanner 图,对应的 LDPC 码为规则码,否则,为不规则码。图 3.15 给出了式(3.59)对应的 Tanner 图表示,从图中可以看出,该图的周长,即最短的环长为 4,环的路径为 $c_1 \rightarrow v_1 \rightarrow c_3 \rightarrow v_2 \rightarrow c_1$。图中每个校验节点连接的变量节点数目不同,因此该图为不规则 Tanner 图,对应不规则 LDPC 码。

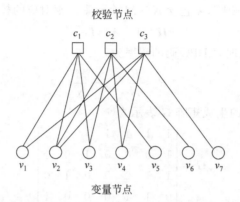

图 3.15　LDPC 码的校验矩阵对应的 Tanner 图

3.4.2　LDPC 码的构造算法

LDPC 码可以完全由其校验矩阵决定,根据构造校验矩阵方式的不同分为随机构造 LDPC 码和结构化构造 LDPC 码。表 3.3 给出了随机构造方式和结构化构造方式的几个典型的示例。

表 3.3　LDPC 码构造方法及典型示例

构 造 方 式	构 造 示 例
随机构造方式	Gallager 构造方法[69]
	Mackay 构造方法[141]
	Lin 和 Costello 的随机构造技术[142]
	比特填充及其扩展算法[143-144]
	渐进边增加算法(Progressive Edge Growth, PEG)[145]
	连续边增加算法(Successive Edge Growth, SEG)[146]
结构化构造方式	基于有限几何的设计方法[147]
	基于准循环矩阵的构造方法[148]
	均衡不完全区组设计(Balanced Incomplete Block Designs, BIBD)[149]
	基于光正交码设计(Optical Orthogonal Code, OOC)[150]
	基于几何设计[151]
	Turbo 结构的设计[152]

随机构造 LDPC 码在构造校验矩阵时,随机放置 1 的位置,构造较为简单,约束条件较少。例如,Gallager 用简单的稀疏矩阵置换和级联构造校验矩阵,首先构造出一个规则的校验矩阵(如单位矩阵),然后对该帧进行随机置换得到一系列稀疏矩阵,最后将生成的矩阵进行组合得到需要的校验矩阵[69]。Gallager 指出当列重 $w_c \geqslant 3$ 且行重 $w_r > w_c$ 构造的码具有良好的距离特性。图 3.16 为 Gallager 构造的码长 $N = 20$ 时,列重为 3,行重为 4 的一个校验矩阵,构造时根据列重分成 3 个子矩阵,每个子矩阵的列重为 1,对第一个子矩阵行或列交换得到其他子矩阵。

$$
H = \begin{bmatrix}
1 1 1 1 0 0 0 0 0 0 0 0 0 0 0 0 0 0 0 0 \\
0 0 0 0 1 1 1 1 0 0 0 0 0 0 0 0 0 0 0 0 \\
0 0 0 0 0 0 0 0 1 1 1 1 0 0 0 0 0 0 0 0 \\
0 0 0 0 0 0 0 0 0 0 0 0 1 1 1 1 0 0 0 0 \\
0 0 0 0 0 0 0 0 0 0 0 0 0 0 0 0 1 1 1 1 \\
1 0 0 0 1 0 0 0 1 0 0 0 0 0 0 0 0 0 0 0 \\
0 1 0 0 0 1 0 0 0 0 0 0 0 1 0 0 0 0 0 0 \\
0 0 1 0 0 0 1 0 0 0 0 0 0 0 1 0 0 0 0 0 \\
0 0 0 1 0 0 0 0 0 0 1 0 0 0 1 0 0 0 1 0 \\
0 0 0 0 0 0 1 0 0 1 0 0 1 0 0 0 0 0 0 1 \\
1 0 0 0 0 0 1 0 0 0 0 1 0 0 0 0 0 1 0 0 \\
0 1 0 0 0 0 1 0 0 1 0 0 0 0 1 0 0 0 0 0 \\
0 0 1 0 0 0 0 1 0 0 0 0 1 0 0 0 0 0 1 0 \\
0 0 0 1 0 0 0 0 1 0 0 1 0 0 1 0 0 0 0 0 \\
0 0 0 0 1 0 0 0 0 1 0 0 0 0 1 0 0 0 0 1
\end{bmatrix}
$$

图 3.16　Gallager 构造的码长为 20、列重为 3、行重为 4 时的校验矩阵

随机构造的 LDPC 码的性能接近最优可获得的纠错性能[141],因此一般作为误码率和误帧率性能评估的标准。然而,随机 LDPC 的较好的纠错性能是以相对高的校验矩阵搜索构造和编码复杂度为代价的。另外,当码长较长时,随机构造出无短环存在的校验矩阵极为困难。因此,结构化方式成为构造 LDPC 码的一个研究热点,结构化构造方式具有灵活性高、复杂度低、实现简单、编解码延迟小等优点。其中,准循环(Quasi Cyclic,QC)-LDPC 码[136]的校验矩阵由 $J \times L$ 个 $p \times p$ 阶置换矩阵组成,其中 L、J 分别为 QC-LDPC 码校验矩阵的行重和列重,则码长为 $N = Lp$,校验矩阵结构为

$$
H = \begin{bmatrix}
I(0) & I(0) & \cdots & I(0) \\
I(0) & I(p_{1,1}) & \cdots & I(p_{1,L-1}) \\
\vdots & \vdots & \ddots & \vdots \\
I(0) & I(p_{J-1,1}) & \cdots & I(p_{J-1,L-1})
\end{bmatrix}
\tag{3.60}
$$

式中,$I(p_{j,l})$ 为 $p \times p$ 阶置换矩阵,在第 r 行第 $(r + p_{j,l}) \bmod p$ 列的元素为 $1 (0 \leqslant r \leqslant p - 1)$,其他元素为 0,如当 $p_{j,l} = 2$,$p = 5$ 时,$I(p_{j,l})$ 可表示为

$$
I(2) = \begin{bmatrix}
0 & 0 & 1 & 0 & 0 \\
0 & 0 & 0 & 1 & 0 \\
0 & 0 & 0 & 0 & 1 \\
1 & 0 & 0 & 0 & 0 \\
0 & 1 & 0 & 0 & 0
\end{bmatrix}
\tag{3.61}
$$

由于式(3.60)每行内的置换矩阵所有行之和均为全 1 的矢量,因此校验矩阵的秩

Rank($\boldsymbol{H}$)最大为 $Jp-J+1$，QC-LDPC 码的码率为

$$R = \frac{\text{Rank}(\boldsymbol{H})}{N}$$

$$\leqslant \frac{Jp-J+1}{Lp} = \frac{J}{L} - \frac{J-1}{Lp} \tag{3.62}$$

因此，QC-LDPC 码的实际码率小于列重与行重之比，且在校验矩阵构造完毕前无法确定其具体值。

3.4.3 LDPC 码的编码算法

LDPC 码编码的一个方式是将校验矩阵 $\boldsymbol{H}$ 通过高斯消去法变为系统矩阵形式，从而得到生成矩阵 $\boldsymbol{G}$，复杂度为 $O(M^3)$，则编码后的码字可通过式（3.52）得到，复杂度为 $O(N^2)$。

为了减少计算量，可通过下三角形式的校验矩阵进行编码。首先将校验矩阵变为如图 3.17 所示的下三角结构；然后，将编码码字 z 分为两个部分：信息位部分 u 和校验位部分 p，即 $z=[u,p]$，根据式（3.53）获得校验位，计算为

$$p_l = \sum_{j=1}^{K} h_{l,j} u_j + \sum_{j=1}^{l-1} h_{l,(j+K)} p_j \tag{3.63}$$

式中，$1 \leqslant l \leqslant M$；$h_{l,j}$ 为下三角校验矩阵第 l 行第 j 列的元素；u_j，p_j 分别为第 j 个信息位和校验位。然而，该方法在下三角变换时仍需高斯消去法，复杂度较高。虽然可以直接生成下三角形式的校验矩阵，以实现线性编码，但是在性能上将有所损失。

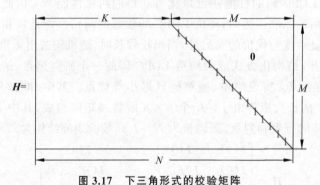

图 3.17 下三角形式的校验矩阵

Richardson 等提出了一种采用近似下三角校验矩阵进行 LDPC 编码的算法[153]。首先，通过行列交换变为如图 3.18 所示的类下三角结构，由于仅进行了行列交换，因此此类下三角矩阵仍然是稀疏的，根据图 3.18，校验矩阵可表示为

$$\boldsymbol{H} = \begin{bmatrix} \boldsymbol{A} & \boldsymbol{B} & \boldsymbol{T} \\ \boldsymbol{C} & \boldsymbol{D} & \boldsymbol{E} \end{bmatrix} \tag{3.64}$$

式中，$\boldsymbol{A}$，$\boldsymbol{B}$，$\boldsymbol{C}$，$\boldsymbol{D}$，$\boldsymbol{E}$ 分别为 $(M-g) \times K$，$(M-g) \times g$，$g \times k$，$g \times g$，$g \times (M-g)$ 维矩阵；$\boldsymbol{T}$ 为 $(M-g) \times (M-g)$ 维下三角矩阵。

对式（3.64）的校验矩阵左乘一个矩阵 $\begin{bmatrix} \boldsymbol{I} & \boldsymbol{0} \\ -\boldsymbol{ET}^{-1} & \boldsymbol{I} \end{bmatrix}$ 则可得到

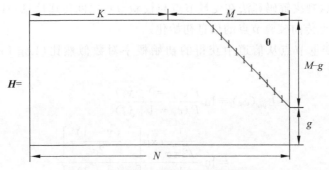

图 3.18　类下三角形式的校验矩阵

$$\begin{bmatrix} \boldsymbol{I} & \boldsymbol{0} \\ -\boldsymbol{ET}^{-1} & \boldsymbol{I} \end{bmatrix} \boldsymbol{H} = \begin{bmatrix} \boldsymbol{A} & \boldsymbol{B} & \boldsymbol{T} \\ -\boldsymbol{ET}^{-1}\boldsymbol{A}+\boldsymbol{C} & -\boldsymbol{ET}^{-1}\boldsymbol{B}+\boldsymbol{D} & \boldsymbol{0} \end{bmatrix} \tag{3.65}$$

将编码码字分为 3 部分 $z=[u,p_1,p_2]$，其中 p_1,p_2 分别包含 g 和 $M-g$ 个校验位。根据式(3.65)与码字 z 互为零空间的关系，即

$$\begin{bmatrix} \boldsymbol{I} & \boldsymbol{0} \\ -\boldsymbol{ET}^{-1} & \boldsymbol{I} \end{bmatrix} \boldsymbol{H}z = \boldsymbol{0} \tag{3.66}$$

对上式展开，可得

$$\boldsymbol{A}u^{\mathrm{T}}+\boldsymbol{B}p_1^{\mathrm{T}}+\boldsymbol{T}p_2=\boldsymbol{0} \tag{3.67}$$

$$(-\boldsymbol{ET}^{-1}\boldsymbol{A}+\boldsymbol{C})u^{\mathrm{T}}+(-\boldsymbol{ET}^{-1}\boldsymbol{B}+\boldsymbol{D})=\boldsymbol{0} \tag{3.68}$$

解上面两个方程，可分别得到校验位 p_1,p_2，从而获得编码后的码字 z。采用类下三角编码算法的复杂度为 $O(N+g^2)$。然而，虽然采用类上三角的编码算法能够在一定程度上降低复杂度，但是不能保证构造的码的性能[71]。

3.4.4　LDPC 码的解码算法

LDPC 码采用基于置信传播(Belief Propagation，BP)的迭代解码算法，性能得以逼近香农极限。BP 解码算法每次迭代过程包括两步：首先，每个校验节点从与其相邻的变量节点中获取信息进行更新；然后，每个变量节点从与其相邻的校验节点获取信息进行更新。解码完成后对变量节点的消息进行判决。

根据判决方式的不同，基于 BP 的迭代解码算法可分为硬判决解码[69,154-155]和软判决解码[156-158]两种。硬判决解码算法根据一个阈值直接判断，解码后的比特估计大于 0，则解码为 1；否则，解码为 0，实现简单。而软判决解码算法每次迭代采用比特估计值，迭代过程中不损失信息，因此性能更优。

在基于 BP 的软判决解码算法中，对数域和积解码算法是一种经典的概率解码算法，一般能获得最优的性能。假设对码长为 N 的编码码字 c 进行 BPSK 调制后，得到的 BPSK 符号 x 经过 AWGN 信道发送到接收端，其中 $x_i=1-2c_i,i=1,2,\cdots,N$。因此，接收端得到带噪声的 N 个数据，表示为矢量形式时如下式所示：

$$y=x+n \tag{3.69}$$

式中，n 包含 N 个均值为 0、方差为 σ^2 的高斯噪声。

基于 BP 的软判决解码算法在变量节点与校验节点之间传递信息,具体步骤如下。

(1) 变量节点传向校验节点的信息初始化。

首先,计算变量节点从信道中获得的初始概率对数似然比(Log-Likelihood Ratio, LLR)信息,计算为

$$
\begin{aligned}
L_{\mathrm{pri}}(c_i) &= \ln \frac{P(c_i = 0 \mid y_i)}{P(c_i = 1 \mid y_i)} \\
&= \ln \frac{\dfrac{1}{\sqrt{2\pi}\sigma} \exp\left[-\dfrac{(y-1)^2}{2\sigma^2}\right]}{\dfrac{1}{\sqrt{2\pi}\sigma} \exp\left[-\dfrac{(y+1)^2}{2\sigma^2}\right]} \\
&= \frac{2y_i}{\sigma^2}, \quad i = 1, 2, \cdots, N
\end{aligned}
\tag{3.70}
$$

然后,对每个变量节点 i 与相邻的校验节点 j,初始化变量节点传向校验节点的信息为

$$
L(g_{i,j}) = L_{\mathrm{pri}}(c_i)
\tag{3.71}
$$

式中,$1 \leqslant i \leqslant N, j \in M(i), M(i)$ 表示与变量节点 i 相连的校验节点集合;$g_{i,j}$ 表示校验节点 c_j 向变量节点 v_i 传递的消息。

(2) 校验节点消息更新。

所有校验节点从与之相邻的变量节点中获取信息,继而更新自身的消息。校验节点 j 的消息更新可表示为

$$
L(h_{ji}) = 2\tanh^{-1}\left(\prod_{i' \in N(j)\setminus i} \tanh\left(\frac{L(g_{i'j})}{2}\right)\right)
\tag{3.72}
$$

式中,$1 \leqslant j \leqslant M, i \in N(j), N(j)$ 表示与校验节点 j 相连的变量节点集合;$h_{j,i}$ 表示变量节点 v_i 向校验节点 c_j 传递的消息;$N(j)\setminus i$ 表示从集合 $N(j)$ 中去除变量节点 i 之后的剩余集合;$\tanh(\cdot)$ 为双曲函数,定义为 $\tanh(x) = \dfrac{\mathrm{e}^x - \mathrm{e}^{-x}}{\mathrm{e}^x + \mathrm{e}^{-x}}$;$\tanh^{-1}(\cdot)$ 为反双曲函数,定义为 $\tanh^{-1}(x) = \dfrac{1}{2}\ln\dfrac{1+x}{1-x}$。

(3) 变量节点消息更新。

对所有变量节点进行消息更新,消息从与之相邻的校验节点中获取。变量节点 i 的消息更新可表示为

$$
\begin{aligned}
L(g_{ij}) &= \ln \frac{P(c_i = 0 \mid y_i) \prod\limits_{j' \in M(i)\setminus j} h_{j'i(0)}}{P(c_i = 1 \mid y_i) \prod\limits_{j' \in M(i)\setminus j} h_{j'i(1)}} \\
&= L_{\mathrm{pri}}(c_i) + \sum_{j' \in M(i)\setminus j} L(h_{j'i})
\end{aligned}
\tag{3.73}
$$

式中,$1 \leqslant i \leqslant N, M(i)\setminus j$ 为从集合 $M(i)$ 中去除校验节点 j 之后的剩余集合。

(4) 解码判决。

首先,对每个变量节点,根据来自信道和所有与之相连的校验节点的消息计算 LLR 信息。变量节点 i 的码字估计的对数似然比值为

$$L(\hat{c}_i) = L_{\mathrm{pri}}(c_i) + \sum_{j \in M(i)} L(h_{j,i}) \tag{3.74}$$

然后,对 $L(\hat{c}_i)$ 进行硬判决,可得到第 i 个码字的估计,即

$$\hat{c}_i = \begin{cases} 0, & L(\hat{c}_i) > 0 \\ 1, & L(\hat{c}_i) \leqslant 0 \end{cases} \quad i = 1, 2, \cdots, N \tag{3.75}$$

(5) 迭代直至解码结束。

当 $\boldsymbol{H}\hat{c} = \boldsymbol{0}$ 或者已经达到最大迭代次数时,结束迭代,输出解码结果 $\hat{c}$。否则,从步骤(2)开始新的迭代过程。

3.5　均衡技术

带限的时间弥散信道中,多径效应引起的 ISI,给信号带来严重的失真,导致接收端在恢复数据时产生错误。ISI 被认为是高速通信中的主要障碍,而均衡被用于克服这种干扰。广义上来说,所有降低 ISI 影响的信号处理方法统称为均衡技术[159]。

3.5.1　均衡器分类

根据是否对均衡输出进行反馈,均衡器分为线性均衡器和非线性均衡器两大类,每一类都具有横向和格型两种结构,每种结构中都包含多种均衡器系数更新算法。均衡器的类型、结构和典型算法如图 3.19 所示[160]。

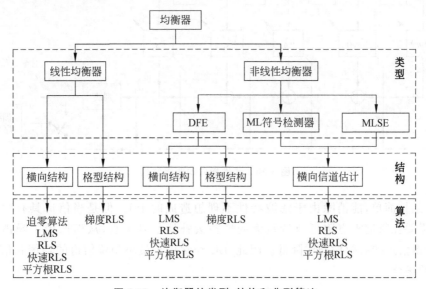

图 3.19　均衡器的类型、结构和典型算法

1. 线性均衡器

线性均衡器(Linear Equalizer,LE)中最常用的是由抽头延时线组成的横向滤波器结

构,如图 3.20 所示。线性均衡器输出结果为当前及前面接收数据的线性加权,第 n 个符号的均衡输出可计算为

$$\hat{d}_n = \sum_{k=-N_2}^{N_1} w_k^* y_{n-k} \tag{3.76}$$

式中,$w = [w_{-N_2}, w_{-N_2+1}, \cdots, w_0, \cdots, w_{N_1-1}, w_{N_1}]^T$ 表示滤波器系数或抽头系数矢量,w_k 为第 k 个抽头系数;$(\cdot)^*$ 表示取共轭操作;y_i 为 $t_0 + iT_s$ 时刻接收到的信号,t_0 和 T_s 分别为均衡器开始时刻和符号采样周期;$N = N_1 + N_2 + 1$ 为均衡器抽头个数,N_1 和 N_2 分别为均衡器前向和反向部分的抽头个数。均衡器抽头系数通过误差驱动更新,设长度为 L 的数据中训练符号为 L_t 个,则误差可计算为

$$e_n = \tilde{d}_n - \hat{d}_n \tag{3.77}$$

$$\tilde{d}_n = \begin{cases} d_n, & 0 \leqslant i < L_t \\ D[\hat{d}_n], & L_t \leqslant i < L \end{cases} \tag{3.78}$$

式中,$D[\cdot]$ 为硬判决操作,输出结果为星座图中离输入最近的点。线性横向滤波器的最小均方误差可表示为[23]

$$E[|e_n|^2] = \frac{T_s}{2\pi} \int_{-\pi/T_s}^{\pi/T_s} \frac{N_0}{|F(e^{jwT_s})|^2 + N_0} dw \tag{3.79}$$

式中,$F(e^{jwT_s})$ 为信道的频域响应;N_0 表示噪声功率谱密度。

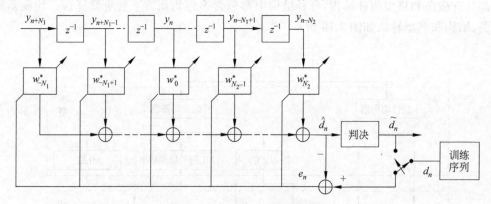

图 3.20   线性横向均衡器结构

LE 结构简单,能消除由于滤波特性不理想造成的 ISI。但是当信道具有频谱零点时,LE 需要在频谱零点附近放置较大的增益去补偿信号失真,从而产生了噪声增强现象,这使得信道的有效信噪比降低。因此,LE 经常用于最小相位信道的均衡和信道干扰不严重的场合。

2. 非线性均衡器

非线性均衡器可有效克服频率选择性衰落,适用于信道失真较大的情况。典型的 3 种非线性均衡器为 DFE、最大似然符号检测(Maximum Likelihood Symbol Detection,MLSD)均衡器和最大似然序列估计(Maximum Likelihood Sequence Estimation,MLSE)

均衡器。

　　MLSD 和 MLSE 都是基于最大似然准则的最优均衡算法,如 MLSE 测试所有可能的数据序列,选取具有最小符号错误概率的一组作为输出。然而,MLSD 和 MLSE 的复杂度随信道长度的增加而指数增长,在延时扩展较长的水声信道中极不适用。另外,MLSD 和 MLSE 均衡器都需要已知信道的特征、噪声的统计分布等信息,如果接收端对信道参数的估计有偏差,将降低均衡器性能。由于存在以上限制,在非线性均衡器中最常用的是次优的判决反馈均衡器。

　　图 3.21 描述了判决反馈均衡器 DFE 的结构。通过反馈,DFE 可以在对当前符号处理时消除之前的符号对当前符号产生的 ISI,从而提高均衡性能。DFE 由前向均衡器和反馈均衡器组成,两个均衡器的结构均为线性横向结构,如图 3.20 所示,其中,反馈均衡器的输入为过去已判决的符号。DFE 的第 n 个符号的输出结果可表示为

$$\hat{d}_n = \sum_{k=-N_2}^{N_1} w_k^* y_{n-k} + \sum_{k=1}^{N_3} b_k^* \tilde{d}_{n-k} \tag{3.80}$$

式中,$\boldsymbol{b} = [b_1, b_2, \cdots, b_{N_3}]^{\mathrm{T}}$ 为反馈均衡器抽头系数矢量;b_k 为第 k 个抽头系数;N_3 为反馈均衡器的抽头数目。$[\tilde{d}_{n-N_3}, \cdots, \tilde{d}_{n-1}]$ 为过去 N_3 个符号的硬判决结果,计算如式(3.78)所示。

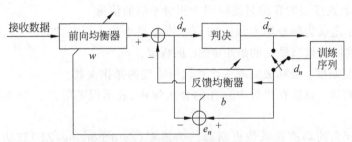

图 3.21　判决反馈均衡器结构

　　与线性均衡器相同,判决反馈均衡器的抽头系数通过均衡误差 e_n 驱动更新,输出的最小均方误差可表示为[23]

$$E[|e_n|^2] = \exp\left\{\frac{T_s}{2\pi} \int_{-\pi/T_s}^{\pi/T_s} \ln\left[\frac{N_0}{|F(e^{jwT_s})|^2 + N_0}\right] \mathrm{d}w\right\} \tag{3.81}$$

　　对比式(3.79)和式(3.81)可知,仅当 $|F(e^{jwT_s})|$ 为常数(即不需要自适应均衡器)时,DFE 与 LE 的最小 MSE 相同。其余情况下,DFE 的最小 MSE 总是小于 LE。如果 $|F(e^{jwT_s})|$ 存在零点,DFE 的最小 MSE 将显著小于 LE。因此,LE 适用于信道频谱相对平坦的情况,而在有频谱零点的信道中,LE 的性能将急剧恶化。对于最强能量的径在第一条径之后到来的非最小相位信道,LE 将不能获得好的均衡效果,相比而言,DFE 更适用于这种恶劣的信道。

3. 分数间隔与符号间隔均衡器

　　当接收滤波器与信道失真发送脉冲相匹配时,符号速率采样的匹配滤波器为最佳的

接收机。然而,由于实际信道特征是未知的,因此,最优的滤波器必须进行自适应估计。一个次优解决方案是将接收滤波器与发送信号脉冲相匹配,但是这会造成性能上的损失,并且,该方法对采样时刻的选择极其敏感。分数间隔均衡器(Fractionally Spaced Equalizer,FSE)对接收端到来的信号进行高于 Nyqiust 速率的采样,补偿了由于符号速率采样引起的信道失真。另外,FSE 能补偿任意相位失真和定时延时。值得注意的是,由于 FSE 需要的抽头个数更多,因此复杂度高于符号间隔的均衡器。

文献[161]对符号间隔均衡器和 1/2T-FSE 在长延时扩展信道中的 SNR 性能进行了对比。符号间隔均衡器采用 24 个抽头,而 FSE 采用 48 个抽头。结果表明,当定时误差较小时,FSE 优于符号间隔均衡器 2~4dB;而当定时误差较大时,由于 FSE 对定时误差不敏感,最终可优于符号间隔均衡器约 15dB。

3.5.2 均衡器系数更新算法

自适应均衡器对未知时变信道进行补偿时,需要实时更新抽头系数以跟踪时变的信道。至今已有大量的更新算法被提出[23,163],其性能可通过以下几个方面进行评价[160]。

(1)收敛速度:定义为算法收敛到最优解时需要的迭代次数。收敛速度较快的算法不仅能快速调整在相对平稳的未知信道中的均衡器系数,同时还允许均衡器跟踪非平稳的信道。而收敛速度慢的算法只能应用于相对平稳的信道。

(2)失调:定义为额外均方误差的稳态值与最小均方误差之比[164]。失调定量地衡量了 MSE 的实际值偏离最优的最小 MSE 的程度。

(3)计算复杂度:指算法完成一次迭代所需的操作次数。

(4)数值特性:算法在执行中存在的舍入噪声、表示误差等产生的不准确性对算法稳定性的影响。

3 种较为经典的均衡器系数更新算法为迫零(Zero Forcing,ZF)算法、LMS 算法和 RLS 算法,它们分别基于峰值失真准则、最小均方误差准则和加权最小二乘准则。此外,还有大量的更新算法依据这 3 种算法改进而得。

1. 迫零算法

迫零算法基于峰值失真准则进行均衡器系数的自适应更新,其中,峰值失真定义为均衡器输出时最坏情况的码间干扰[23],使得峰值失真最小的准则称为最小失真准则。峰值失真准则等价于选择 ZF 均衡器的系数,使信道与均衡器响应的卷积除当前时刻外为 0,从而输出具有零 ISI 的性能。设信道和迫零均衡器的频率响应分别表示为 $H_c(f)$ 和 $H_e(f)$,则其联合频率响应必须满足

$$H_c(f)H_e(f)=1, \quad |f|<\frac{1}{2T} \tag{3.82}$$

因此,均衡器的频率响应为信道频率响应的倒数,表示为

$$H_e(f)=\frac{1}{H_c(f)}, \quad |f|<\frac{1}{2T} \tag{3.83}$$

从式(3.83)可知,ZF 均衡器理论上有无限多的抽头个数。因此,当使用有限长度的

均衡器时,均衡器输出端不能得到完全消除 ISI 的符号估计。另外,当信道频谱中有严重衰减的频率成分时,ZF 均衡器会放大噪声的影响,使得符号估计不准确。因此,ZF 均衡器不适用于无线信道中。

2. LMS 算法

LMS 算法基于最小均方误差准则。相比较 ZF 算法,LMS 算法是一种更为鲁棒的均衡器系数更新算法,通过最小化发送符号与均衡器输出的软符号估计之间的均方误差获得,其第 n 次迭代式的代价函数 $J(w_n)$ 可表示为

$$J(w_n) = E[\,|\,e_n\,|^2\,] = E[(d_n - w_n^T y_n)^H (d_n - w_n^T y_n)] \tag{3.84}$$

式中,d_n 为实际第 n 个符号值;$w_n = [w_1, w_2, \cdots, w_N]^T$ 表示 N 阶均衡器第 n 次迭代时的系数矢量;$y_n = [y_n, \cdots, y_{n-N+1}]^T$ 表示第 n 次迭代时的均衡器输入矢量。对式(3.84)求导可得

$$\frac{\partial J(w_n)}{\partial w} = -2R_{dy} + 2R_{yy} w_n \tag{3.85}$$

式中,$R_{dy} = E[d_n^* y_n]$ 为均衡器输入信号与应得信号的互相关矩阵;$R_{yy} = E[y_n^H y_n]$ 为均衡器输入矢量的自相关矩阵。令式(3.85)为 0,可得到满足最小 MSE 准则的抽头更新算法为

$$w_n = R_{yy}^{-1} R_{dy} \tag{3.86}$$

然而,式(3.86)在每次迭代时都需要进行逆矩阵求解,其复杂度为 $O(N^2)$,因此不宜在实际中应用。

为了降低复杂度,可以采用随机梯度算法递归求解均衡器系数[165]。假设第 n 次迭代的代价函数 $J(w_n)$ 和抽头系数 w_n 已知,则根据梯度算法,第 $n+1$ 次迭代的抽头系数可计算为

$$
\begin{aligned}
w_{n+1} &= w_n + \mu \frac{\partial J(w_n)}{\partial w_n} \\
&= w_n + \mu E[e_n^* y_n]
\end{aligned}
\tag{3.87}
$$

式中,μ 表示步长因子,用来控制算法的收敛速度和稳定性。随机梯度算法用瞬时值 $e_n^* y_n$ 代替统计平均值 $E[e_n^* y_n]$,从而可得到 LMS 系数更新公式为

$$w_{n+1} = w_n + \mu e_n^* y_n \tag{3.88}$$

LMS 均衡算法使得均衡器长度内的信号与失真的比值最大,而如果输入信号的弥散大于均衡器能达到的传播延迟,均衡器将不能完全消除失真。另外,由于 LMS 算法仅有一个控制自适应速度的步长因子 μ 调整,收敛速度较慢。为了保证均衡器的收敛性,步长因子应满足

$$0 < \mu < \frac{2}{\lambda_{\max}} \tag{3.89}$$

式中,$\lambda_{\max}$ 为相关矩阵 R_{yy} 的最大的特征值,且有上界 $\lambda_{\max} < \sum_{i=1}^{N} \lambda_i$,其中,$\lambda_i$ 为 R_{yy} 的第 i 个特征值。由于矩阵的特征值之和等于矩阵的迹,即 $\lambda_{\max} < \mathrm{tr}(R_{yy})$,因此 为了保持算法

的稳定性,可通过均衡器输入的功率来约束步长因子 μ 的取值。另外,LMS 算法在每次迭代时仅需 $2N+1$ 次操作,是复杂度最低的均衡算法。

3. RLS 算法

虽然 LMS 算法的复杂度低,但是收敛速度较慢,特别是当均衡器输入自相关矩阵 $\boldsymbol{R}_{yy}$ 的最大特征值与最小特征值相差较大,即 $\lambda_{\max}/\lambda_{\min} > 1$ 时。为了提高收敛速度,需要在算法中引入更多的参数。RLS 算法基于加权最小二乘准则,采用时间平均值而不是统计平均值处理接收信号,能够显著改善均衡器的收敛性能。令 $e_n(k)$ 表示第 n 次迭代时系数为 w_n 的均衡器在 k 时刻产生的估计误差,计算为

$$e_n(k) = d_k - \boldsymbol{w}_n^{\mathrm{H}} \boldsymbol{y}_k \tag{3.90}$$

式中, $\boldsymbol{y}_k = [y_k, \cdots, y_{k-N+1}]^{\mathrm{T}}$ 为 k 时刻的均衡器输入,则基于时间平均的最小二乘代价函数定义为

$$J(\boldsymbol{w}_n) = \sum_{k=1}^{n} \lambda^{n-k} \mid e_n(k) \mid^2 \tag{3.91}$$

式中, $J(\boldsymbol{w}_n)$ 表示新的抽头系数对过去的数据的累积平方误差; λ 为遗忘因子,表征均衡器在非平稳信道中对数据的遗忘程度,一般取 $0.8 < \lambda \leqslant 1$,在平稳信道中, $\lambda = 1$。 λ 不影响均衡器的收敛速度,但是影响均衡器跟踪信道的能力,一般来说, λ 越小,跟踪性能越好,然而,过小的 λ 可能导致算法的不稳定[166]。

RLS 算法通过使得累积平方误差最小来寻找均衡器的抽头增益 $\boldsymbol{w}$,求解方法为令 $J(n)$ 的梯度等于 0,表示为

$$\frac{\partial J(\boldsymbol{w}_n)}{\partial \boldsymbol{w}_n} = -2 \sum_{k=1}^{n} \lambda^{n-k} d_k^* \boldsymbol{y}_k + 2 \sum_{k=1}^{n} \lambda^{n-k} \boldsymbol{y}_k^{\mathrm{H}} \boldsymbol{y}_k \boldsymbol{w}_n = 0 \tag{3.92}$$

从而得到 RLS 均衡器抽头系数为

$$\boldsymbol{w}_n = \boldsymbol{R}_{yy}(n)^{-1} \boldsymbol{R}_{dy}(n) \tag{3.93}$$

其中,发送信号与接收信号的互相关矩阵 $\boldsymbol{R}_{dy}(n)$ 和接收信号的自相关矩阵 $\boldsymbol{R}_{yy}(n)$ 分别计算为

$$\boldsymbol{R}_{dy}(n) = \sum_{k=1}^{n} \lambda^{n-k} d_k^* \boldsymbol{y}_k \tag{3.94}$$

$$\boldsymbol{R}_{yy}(n) = \sum_{k=1}^{n} \lambda^{n-k} \boldsymbol{y}_k^{\mathrm{H}} \boldsymbol{y}_k \tag{3.95}$$

将 $\boldsymbol{R}_{yy}(n)$ 写为递归形式,可得

$$\boldsymbol{R}_{yy}(n) = \lambda \boldsymbol{R}_{yy}(n-1) + \boldsymbol{y}_n^{\mathrm{H}} \boldsymbol{y}_n \tag{3.96}$$

则根据求逆定理[182]可得到 $\boldsymbol{R}_{yy}(n)$ 的逆矩阵,计算公式为

$$\boldsymbol{R}_{yy}^{-1}(n) = \frac{1}{\lambda} \left[\boldsymbol{R}_{yy}^{-1}(n-1) - \frac{\boldsymbol{R}_{yy}^{-1}(n-1) \boldsymbol{y}_n \boldsymbol{y}_n^{\mathrm{H}} \boldsymbol{R}_{yy}^{-1}(n-1)}{\lambda + \boldsymbol{y}_n^{\mathrm{H}} \boldsymbol{R}_{yy}^{-1}(n-1) \boldsymbol{y}_n} \right] \tag{3.97}$$

定义增益矢量为

$$\boldsymbol{k}_n = \frac{\boldsymbol{R}_{yy}^{-1}(n-1) \boldsymbol{y}_n}{\lambda + \boldsymbol{y}_n^{\mathrm{H}} \boldsymbol{R}_{yy}^{-1}(n-1) \boldsymbol{y}_n} \tag{3.98}$$

则基于递归方程,可得到 RLS 抽头系数递归形式的更新公式为

$$w_n = w_{n-1} + k_n(d_n - y_n^H w_{n-1})^* \tag{3.99}$$

上述 RLS 算法又称为 Kalman RLS 算法。RLS 算法在每次迭代中需要 $2.5N^2 + 4.5N$ 次操作,因此,虽然 RLS 的收敛速度快于 LMS 算法,但是复杂度较高。

3.6　Turbo 均衡

Turbo 均衡利用 Turbo 码解码器的思想,在最大后验概率均衡器和信道解码器之间以迭代的方式传递消息,均衡器用信道输出计算发送数据的后验概率,解码器用均衡器的输出计算发送比特的后验概率,这些概率构成均衡器和解码器之间交互的软信息。随着迭代的进行,Turbo 均衡将收敛到发送数据的估计值上,如图 3.22 所示。

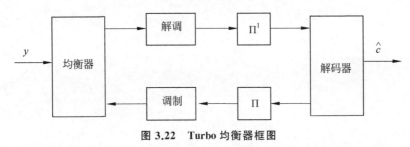

图 3.22　Turbo 均衡器框图

将信道解码器内部的迭代过程称为内迭代,将均衡器与解码器之间的迭代过程称为外迭代。假设接收到 N 个符号,下面以 LDPC 码为例介绍 Turbo 均衡器的处理步骤。

(1) 采用 3.4.2 节介绍或其他均衡器系数更新算法,得到符号估计

$$\hat{s}_n = w_n^T y_n \tag{3.100}$$

(2) 解调与解交织。

根据发送端的调制策略,解调步骤(1)的符号估计,得到比特级的解调信息。例如,若发送端采用 QPSK 调制,则符号估计 $\hat{s}_n$ 解调为

$$\hat{t}_{2n-1} = \text{Re}(\hat{s}_n) \tag{3.101}$$

$$\hat{t}_{2n} = \text{Im}(\hat{s}_n) \tag{3.102}$$

式中,$\text{Re}(\cdot)$ 和 $\text{Im}(\cdot)$ 分别表示值的实部和虚部。

另外,如果发送端采用了交织技术,应对 $\hat{t}_n$ 序列进行逆交织。

(3) LDPC 解码。

以步骤(2)的解调信息作为 LDPC 解码器的接收数据,采用 3.4.4 节 LDPC 码的解码算法,进行解码内迭代,迭代完成后得到每个比特的对数似然信息 $L(\hat{c}_i)$。对该信息硬判决,判断 $H\hat{c}$ 是否等于 0,如果解码成功,则结束 Turbo 均衡过程。如果达到最大内迭代次数 N_2 时,则结束解码迭代,继续向下执行。否则,继续 LDPC 解码迭代过程。

(4) 重新交织与调制。

如果发送端采用了交织技术,应重新进行交织。然后,利用 LDPC 解码后的信息进行均衡。然而,LDPC 解码后得到比特级信息,而均衡器采用符号级信息,因此,需要采用

发送端调制技术重新对解码后软信息进行调制。

(5) 迭代。

将外迭代次数加 1,回到步骤(1)继续执行,直到达到外迭代次数 N_1,则估计出的发送比特为 $L(\hat{c}_i)$ 的硬判决值,即式(3.75)所示。

3.7　本章小结

本章聚焦在水声通信系统的基础知识,详细介绍了通信系统中的调制、编解码和均衡技术的基本原理、发展及一些经典的通信技术。

第 4 章

可逆QC-LDPC码

4.1 引言

随机 LDPC 码的校验矩阵由计算机按照规则搜索构成,没有一定结构,在硬件实现中将产生以下问题:

(1) 当码长较长时,编码复杂度高,无法进行实时传输;

(2) 接收端必须存储与编码端相同的校验矩阵才能进行解码,在码长变长时,需要的存储空间也会增加,可能超出数据空间范围;

(3) 较难实现码率自适应编码算法,因为码率自适应编码意味着要存储多个校验矩阵,实现代价较大。

为了解决以上问题,本章对结构化的 LDPC 码进行研究。结构化 LDPC 码校验矩阵遵循一定的结构构造,在编码复杂度、存储空间等方面存在显著优势,并且在中短码长下,其纠错性能近似甚至超过随机 LDPC 码的性能[148,167],近年来结构化 LDPC 码受到越来越多的重视。QC-LDPC 码是结构化 LDPC 码的一种,其校验矩阵由多个置换矩阵构成,具有准循环结构。同时,在构造过程中容易去除对解码性能影响较大的短环,硬件实现简单,并且接收端只需要几个参数(如码率、行重及码长)就可以构造出与发送端相同的校验矩阵,节省了存储空间。因此,本章重点研究 QC-LDPC 码在水声通信中的应用。

4.2 QC-LDPC 码概述

QC-LDPC 码的校验矩阵由循环移位的置换矩阵构成。设码长为 N,校验位长为 K,行重和列重分别为 L 和 J,则 QC-LDPC 码的校验矩阵 H 可表示为

$$H = \begin{bmatrix} I(p_{1,1}) & I(p_{1,2}) & \cdots & I(p_{1,L}) \\ I(p_{2,1}) & I(p_{2,2}) & \cdots & I(p_{2,L}) \\ \vdots & \vdots & \ddots & \vdots \\ I(p_{J,1}) & I(p_{J,2}) & \cdots & I(p_{J,L}) \end{bmatrix} \tag{4.1}$$

式中,I 为 P 阶单位矩阵;$I(p_{j,l})$ 为单位矩阵 I 循环右移 $p_{j,l}$ 后的置换矩阵;$P = N/L = M/J$,$M = N - K$ 表示校验位长度。

因此,与随机 LDPC 码的校验矩阵相比,QC-LDPC 仅需 $(LJ + 4)$ 个数据即能还原整个校验矩阵,大大降低了存储复杂度。

准循环结构的校验矩阵解决了随机 LDPC 码的校验矩阵存储的问题,使得通信系统可以实时生成校验矩阵,但是仍有以下问题:

(1) 编码码率不固定。校验矩阵每行的 L 个置换矩阵的 P 行之和为全 1 矢量,因此校验矩阵的秩 $\text{rank}(\boldsymbol{H}) \leqslant M - J + 1$,因此编码后的实际码率 $R' = 1 - \text{rank}(\boldsymbol{H})/N$,大于设定码率 $R = 1 - M/N$,从而给系统设计带来困难。

(2) QC-LDPC 码的编解码算法与 3.3.3 节和 3.3.4 节介绍的随机 LDPC 码的一致,因此并没有解决 LDPC 码编码复杂度高的问题。

为了解决这些问题,一般将 QC-LDPC 码的校验矩阵构造为近似下三角的形式,如双对角结构[168]、三角结构加双对角结构[169]、三对角结构[170]等,但是这些方法通常要求置换矩阵的维数为质数,并且当码率较低时,校验矩阵中低度数节点过多,使得码的纠错性能变差。

基于以上分析,本章提出了一种新的可逆 QC-LDPC 码校验矩阵的构造方法,在保持各块矩阵循环特性及码的纠错性能的前提下合理设置零矩阵的位置,构造出可逆的校验矩阵,即满足 $\text{rank}(\boldsymbol{H}) = M$,从而使编码码率等于设计码率。另外,编码过程中,利用校验矩阵的特殊结构及扩展的欧几里得算法能够显著降低复杂度。

4.3　可逆 QC-LDPC 码校验矩阵的构造

提出的列重为 3、行重为 L 的不规则 QC-LDPC 码的校验矩阵结构为

$$\boldsymbol{H}_c = \begin{bmatrix} \boldsymbol{I} & \boldsymbol{0} & \boldsymbol{I}(p_{1,3}) & \boldsymbol{I}(p_{1,4}) & \cdots & \boldsymbol{I}(p_{1,L}) \\ \boldsymbol{0} & \boldsymbol{I} & \boldsymbol{I}(p_{2,3}) & \boldsymbol{I}(p_{2,4}) & \cdots & \boldsymbol{I}(p_{2,L}) \\ \boldsymbol{I} & \boldsymbol{I}(p_{3,2}) & \boldsymbol{I}(p_{3,3}) & \boldsymbol{I}(p_{3,4}) & \cdots & \boldsymbol{I}(p_{3,L}) \end{bmatrix} \tag{4.2}$$

由于初等行变换不改变矩阵的零空间,因此将校验矩阵中的每行的第一个非零块设为单位矩阵不会对码字的性能产生影响。对式(4.2)通过行变化进行高斯块消去,得到

$$\boldsymbol{H}_c = \begin{bmatrix} \boldsymbol{I} & \boldsymbol{0} & \boldsymbol{I}(p_{1,3}) & \boldsymbol{I}(p_{1,4}) & \cdots & \boldsymbol{I}(p_{1,L}) \\ \boldsymbol{0} & \boldsymbol{I} & \boldsymbol{I}(p_{2,3}) & \boldsymbol{I}(p_{2,4}) & \cdots & \boldsymbol{I}(p_{2,L}) \\ \boldsymbol{0} & \boldsymbol{0} & \boldsymbol{I}(p_{3,3}) & \boldsymbol{I}(p_{3,4}) & \cdots & \boldsymbol{I}(p_{3,L}) \end{bmatrix} \tag{4.3}$$

式中,$\boldsymbol{I}(p'_{3,l}) = \boldsymbol{I}(p_{3,l}) + \boldsymbol{I}(p_{1,l}) + \boldsymbol{I}((p_{2,l} + p_{3,2}) \bmod P)$,$l = 3, 4, \cdots, L$。由于 $\boldsymbol{I}(p_{j,l})$ 为置换矩阵,因此 $\boldsymbol{I}(p'_{3,l})$ 为循环矩阵。于是,校验矩阵的行满秩问题转化为 P 阶循环矩阵 $\boldsymbol{I}(p'_{3,l})$ 的可逆性问题。

将循环矩阵 $\boldsymbol{I}(p'_{3,3})$ 对应于二元域 F_2 上的多项式

$$f(x) = \sum_{i=0}^{P-1} a_i x^i \tag{4.4}$$

式中

$$a_i = \begin{cases} 1, & \text{当 } i = p_{3,3}, p_{1,3} \text{ 或}((p_{2,3} + p_{3,2}) \bmod P) \text{ 时} \\ 0, & \text{其他} \end{cases}$$

根据有限域上多项式求逆原理可知,当满足 $f(x)$ 与 $x^P - 1$ 互质,即

$$\gcd(f(x), x^P - 1) = 1 \tag{4.5}$$

时,$f(x)$对应的循环矩阵是可逆的[171-172]。其中,gcd(·)表示求解两个多项式的最大公因式操作。采用扩展欧几里得算法求解式(4.5),若$f(x)$与x^P-1的最大公因式为1,则表明循环矩阵是可逆的;否则,循环矩阵是奇异的。

欧几里得算法又称为辗转相除法,用于计算两个正整数的最大公因数,而扩展欧几里得算法将欧几里得算法扩展到多项式上,用于计算两个多项式的最大公因式,扩展欧几里得算法通过一系列除法建立除式与余式之间的关系,首次除法用开始的两个因式分别作为被除式和除式,然后将除式作为下次计算的被除式,余式作为下次计算的除式,最终以余式为0结束,最后一次运算的除式即为两个多项式的最大公因式,算法流程如图 4.1 所示。例如,假设循环矩阵 Q 的首行为$[1\ 0\ 1\ 0\ 1]$,对应到 F_2 上的多项式为

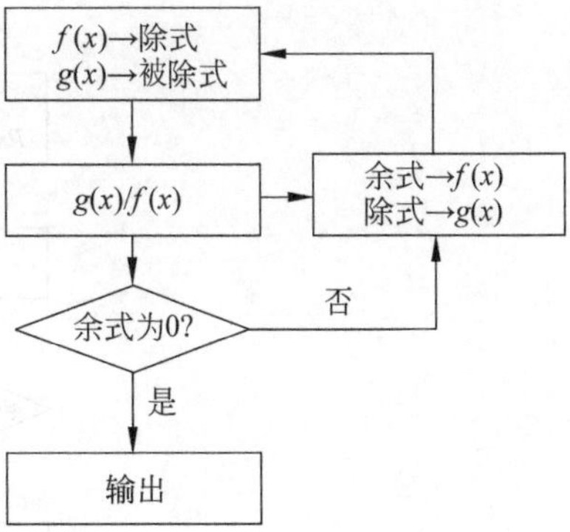

$$f(x)=1+x^2+x^4 \tag{4.6}$$

图 4.1　扩展欧几里得算法流程

采用扩展欧几里得算法求 $\gcd(f(x),x^5-1)$ 的步骤为

$$\begin{cases} x^5-1=x(x^4+x^2+1)+x^3+x+1=xf(x)+r_1(x) \\ f(x)=x^4+x^2+1=x(x^3+x+1)+x+1=xr_1(x)+r_2(x) \\ r_1(x)=x^3+x+1=(x^2+x)(x+1)+1=(x^2+x)r_2(x)+r_3(x) \\ r_2(x)=x+1=(x+1)\cdot 1+0=(x+1)r_3(x)+0 \end{cases} \tag{4.7}$$

因此

$$\gcd(f(x),x^5-1)=r_3(x)=1 \tag{4.8}$$

即 $f(x)$ 与 x^5-1 的最大公因式为1,因此,$f(x)$ 对应的循环矩阵 Q 是可逆的。

另一方面,由于 LDPC 码的解码器采用基于 Tanner 图消息传递的和积解码算法,短环的存在将严重影响解码器的性能,因此,Tanner 图中的最小环长要尽可能大。由文献[148]可知,定义 $\Delta_{j_x,j_y}(l)$ 为校验矩阵的第 l 列的两个置换矩阵首行1所在位置的相对间隔,表示为

$$\Delta_{j_x,j_y}(l)=p_{j_x,l}-p_{j_y,l} \tag{4.9}$$

并假设校验矩阵对应的 Tanner 图中的环长至少为 $2c$,则满足最小环长条件的充分必要条件为

$$\sum_{k=0}^{m-1}\Delta_{j_k,j_{k+1}}(l_k)\neq 0 \bmod P \tag{4.10}$$

式中,$2\leqslant m\leqslant c-1,1\leqslant j_k,j_{k+1}\leqslant J,1\leqslant l_k\leqslant L$ 且 $j_0=j_m,j_k\neq j_{k+1},l_k\neq l_{k+1}$。因此要得到设定的最小环长,矩阵偏移量 $p_{j,l}$ 需满足式(4.10)。

综上所述,给定码率 R 和信息位长 K,构造最小环长为 g 的可逆 QC-LDPC 码的校验矩阵构造流程如图 4.2 所示,具体如下:

(1) 根据编码要求计算其他参数,码长 $N=K/R$,校验位长 $M=N-K$,行重 $L=3/(1-R)$,置换矩阵维数 $P=N/L$;

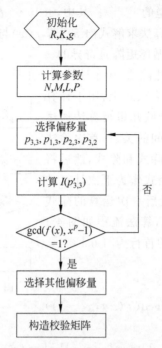

图 4.2 可逆 QC-LDPC 码校验矩阵构造流程

（2）当要求最小环长为 g 时，选择 $p_{3,3}$、$p_{1,3}$、$p_{2,3}$ 和 $p_{3,2}$，使其满足式（4.10）的要求，其中，$0 \leqslant p_{j,l} \leqslant P-1$；

（3）计算 $\boldsymbol{I}(p'_{3,3})$，按照式（4.4）将其对应到二元域上的多项式 $f(x)$，采用扩展的欧几里得算法求 $\gcd(f(x), x^P-1))$，若结果不为 1，则返回步骤（2）；

（4）选择满足式（4.10）的其他偏移量 $p_{j,l}$，其中，$0 \leqslant p_{j,l} \leqslant P-1, j=1,2,3,4 \leqslant l \leqslant L$；

（5）按照式（4.2）的结构生成校验矩阵。

由于 QC-LDPC 码可以通过 $J(L-3)+4$ 个移位因子 $p_{j,l}$ 得到校验矩阵，因此，大大降低了空间复杂度。

4.4 基于可逆校验矩阵的快速编码算法

传统的 LDPC 码进行编码时首先将校验矩阵化为系统生成矩阵，然后进行编码，分别需要 $O(N^3)$ 和 $O(N^2)$ 的计算复杂度[167]，复杂度较高。文献[153]将 LDPC 编码的复杂度降为 $O(N+g^2)$，但是该方法存在几个问题：

（1）g 依赖于随机生成的校验矩阵 $\boldsymbol{H}$，当 g 较大时，复杂度渐近于传统编码复杂度，当 g 较小时，有可能影响 LDPC 码的性能[71]；

（2）编码前需要对矩阵进行行列变换，增加了计算复杂度；

（3）中间计算时用了三次串行编码，延长了处理过程。

为了降低编码复杂度，提高编码速度，本书基于可逆 QC-LDPC 码校验矩阵的特殊性，提出了一种低复杂度的编码算法，对比文献[153]，编码可并行进行，并且不需要进行行列变换。

为进行快速编码,首先将式(4.3)所示的校验矩阵 H 进行如下分块:

$$H = \begin{bmatrix} A & B & T \\ 0 & D & E \end{bmatrix} \tag{4.11}$$

式中,A 为 $2P \times 2P$ 阶的单位矩阵;$B = \begin{bmatrix} I(p_{1,3}) \\ I(p_{2,3}) \end{bmatrix}$ 为 $2P \times P$ 维矩阵;$T = \begin{bmatrix} I(p_{1,4}) & \cdots & I(p_{1,L}) \\ I(p_{2,4}) & \cdots & I(p_{2,L}) \end{bmatrix}$ 为 $2P \times (J-3)P$ 维矩阵;$D = I(p'_{3,3})$ 为 $P \times P$ 阶循环矩阵;$E = [I(p'_{3,4}) \quad \cdots \quad I(p'_{3,L})]$ 为 $P \times (L-3)P$ 维矩阵。

设经 LDPC 编码后的码字为 $c = [p_2, p_1, s]$,式中,s 包含长度为 K 的信息位;p_2 和 p_1 分别包含长度 $2P$ 和 P 的校验位,根据码字与校验矩阵互为零空间的关系,即:$Hc^T = 0$,可得

$$\begin{bmatrix} A & B & T \\ 0 & D & E \end{bmatrix} [p_2, p_1, s]^T = 0 \tag{4.12}$$

由式(4.12)可得到以下两个方程

$$\begin{cases} A p_2^T + B p_1^T + T s^T = 0 \\ D p_1^T + E s^T = 0 \end{cases} \tag{4.13}$$

因此,校验位的计算公式为

$$\begin{cases} p_1^T = D^{-1} E s^T \\ p_2^T = A^{-1}(B p_1^T + T s^T) = B p_1^T + T s^T \end{cases} \tag{4.14}$$

因为循环矩阵的逆矩阵仍为循环矩阵,因此 D 为循环矩阵时 D^{-1} 也为循环矩阵。获取 D^{-1} 等价于求解 F_2 上的多项式

$$g(x) = \sum_{i=0}^{P-1} b_i x^i \tag{4.15}$$

使得

$$f(x)g(x) = 1 \bmod (x^P - 1) \tag{4.16}$$

式(4.16)中的 $g(x)$ 可通过回溯扩展的欧几里得算法[153-154]得到,从而得到相应的逆矩阵 D^{-1}。

例如,对于首行为 $[1\ 0\ 1\ 0\ 1]$ 的循环矩阵 Q,由式(4.8)可知

$$\begin{aligned} g(x)f(x) &+ t(x)(x^5-1) = 1 \\ &= r_3 \\ &= r_1(x) + (x^2+x)r_2(x) \\ &= r_1(x) + (x^2+x)(f(x) + xr_1(x)) \\ &= (x^3+x^2+1)r_1(x) + (x^2+x)f(x) \\ &= (x^3+x^2+1)((x^5-1) + xf(x)) + (x^2+x)f(x) \\ &= \underbrace{(x^4+x^3+x^2)}_{g(x)}f(x) + \underbrace{(x^3+x^2+1)}_{t(x)}(x^5-1) \end{aligned} \tag{4.17}$$

因此,可得到

$$\begin{cases} g(x) = x^4 + x^3 + x^2 \\ t(x) = x^3 + x^2 + 1 \end{cases} \tag{4.18}$$

则多项式 $g(x)$ 对应到矩阵形式时的首行为 $[0\ 0\ 1\ 1\ 1]$，即循环矩阵 $\boldsymbol{Q}$ 的逆矩阵可表示为

$$\boldsymbol{Q}^{-1} = \begin{bmatrix} 0 & 0 & 1 & 1 & 1 \\ 1 & 0 & 0 & 1 & 1 \\ 1 & 1 & 0 & 0 & 1 \\ 1 & 1 & 1 & 0 & 0 \\ 0 & 1 & 1 & 1 & 0 \end{bmatrix} \tag{4.19}$$

经检验，首行为 $[1\ 0\ 1\ 0\ 1]$ 的循环矩阵 $\boldsymbol{Q}$ 与式(4.19)所示的循环矩阵 $\boldsymbol{Q}^{-1}$ 的乘积为单位矩阵。因此，式(4.14)中逆矩阵的求解可在校验矩阵构造完成后简单得到。

由于 $\boldsymbol{D}^{-1}$ 的度最大为 $P-1$，因此计算 $\boldsymbol{p}_1$ 最多需 $P(P-1+3(L-3))$ 次异或运算，而计算 $\boldsymbol{p}_2$ 需 $2P(L-2)$ 次异或运算，因此整个编码过程最多需要 $P(P+5L-14)$ 次异或运算。另外，将异或运算用位操作代替，可进一步降低编码复杂度。接收端的 QC-LDPC 解码器采用近似最优性能的基于置信传播的迭代和积解码算法[173]，呈线性复杂度。

4.5   性能分析

4.5.1   复杂度分析

首先分析算法的时间复杂度。根据 LDPC 码编码的过程，对构造校验矩阵和编码过程的时间复杂度依次进行对比分析。为对各算法复杂度有直观的认识，本书采用从算法运行时间上对比复杂度的方法。各算法的性能值为在同一台计算机上运行 100 次的平均时间。

图 4.3 对比了码率为 1/2 时随机 LDPC 码与可逆 QC-LDPC 码构造校验矩阵时的用时情况。可以看出，随机码构造校验矩阵时所用时间与码长的 3 次方成正比，远高于 QC-LDPC 码构造校验矩阵所用时间。这是因为随机码在去除 4 线循环时，需要将每列中 1 的位置与其他列进行比较，时间复杂度为 $O(N^3)$，而 QC-LDPC 码利用校验矩阵的结构可简单去除 4 线循环，所用时间仅与置换矩阵块数及计算 P 维循环矩阵可逆性时的除法次数有关，复杂度为 $O(P\log P\log P)$。另外，从图 4.3 中可知，各算法的用时变化趋势与理论曲线相拟合。

图 4.4 对比了码率为 1/2 时传统编码算法、文献[153]编码算法与提出的 QC-LDPC 快速编码算法的用时情况。可以看出，相同码长下，3 种编码算法用时依次降低。传统编码算法所用时间约与码长的 3 次方成正比，这与理论中校验矩阵变为生成矩阵 $O(N^3)$ 的复杂度，编码 $O(N^2)$ 的复杂度相符合。文献[153]算法所用时间约为平方增长，这是因为虽然文献[153]的编码复杂度为 $O(N+g^2)$，但预处理过程中的行列置换复杂度为 $O(N^{3/2})$，所以整个编码过程复杂度高于 $O(N^{3/2})$，与 $O(N^2)$ 接近。提出的算法用时低于其他两个算法，主要是因为 QC 码的校验矩阵具有特定的结构，编码过程可利用循环结构进行控制及简化。

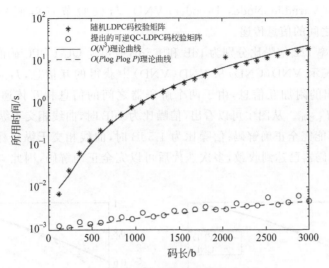

图 4.3   各算法构造校验矩阵用时对比

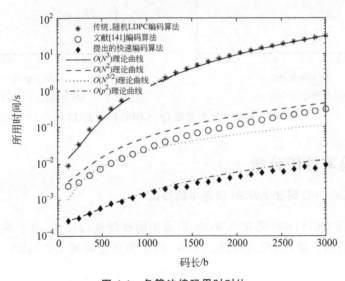

图 4.4   各算法编码用时对比

最后,对随机 LDPC 码和本书提出的 QC-LDPC 码算法的空间复杂度进行对比。随机码需要对校验矩阵中的每个元素进行处理,如去 4 线循环、编码等,空间复杂度为 $O(JLP^2)$,而本书算法仅需知道置换矩阵块的偏移量,空间复杂度为 $O(JL)$,因此本书算法的空间复杂度远远低于随机码,这是因为 QC-LDPC 码是一种结构化的码,可以根据几个参数推测出整个矩阵。

4.5.2 EXIT 图分析

首先采用 EXIT 图分析提出的 QC-LDPC 构造方法的解码器的收敛性。EXIT 图从互信息的角度分析解码器的收敛性,将变量节点与校验节点之间的信息传递看成多个变量节点解码器（Variable Nodes Decoder，VND）与校验节点解码器（Check Nodes Decoder，CND）之间的信息传递。

图 4.5 为码率 1/2 信噪比分别为 1dB 和 1.5dB 时可逆 QC-LDPC 码的 EXIT 图，其中 $I_{A,\mathrm{VND}}(I_{A,\mathrm{CND}})$ 表示 VND(CND) 从 CND(VND) 中获得的互信息，$I_{E,\mathrm{VND}}(I_{E,\mathrm{CND}})$ 表示 VND(CND) 输出的附加互信息，由于两个解码器之间的信息相互传递，因此，$I_{A,\mathrm{VND}}=I_{E,\mathrm{CND}}$，$I_{E,\mathrm{VND}}=I_{A,\mathrm{CND}}$。从图中可以看出，信噪比为 1dB 时，曲线相交于纵坐标 0.74，小于 1，说明解码器不能完全正确解码；信噪比为 1.5dB 时，曲线相交于纵坐标 1，说明当信噪比为 1.5dB 时解码器已达到收敛，多次迭代后可以完全正确解码，因此 本书构造的码为好码。

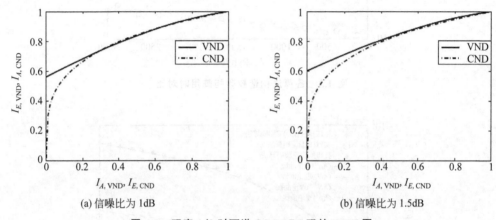

图 4.5　码率 1/2 时可逆 QC-LDPC 码的 EXIT 图

4.5.3　误码率性能分析

1. 可逆 QC-LDPC 码在 AWGN 信道中的性能

首先对可逆 QC-LDPC 码在 AWGN 信道中的性能进行评估，由于随机 LDPC 码通常可以获得最优的性能，因此，将随机 LDPC 码作为衡量可逆 QC-LDPC 码性能的一个标准。

图 4.6 仿真了高斯白噪声信道下提出的可逆 QC-LDPC 码和随机 LDPC 码的 BER 性能对比，分别对码率 1/2、码长 240 和 768b，以及码率 2/3、码长 810b 时码的性能进行对比。从图中可以看出，码长较短时，提出的可逆 QC-LDPC 码的纠错性能略优于随机码，且随着码长的增加，优势逐渐降低。例如，在误码率为 10^{-5} 时，码长为 240 的 QC-LDPC 码优于随机码约 0.17dB，码长为 768 的 QC-LDPC 码优于随机码约 0.09dB。码长为 810b，信噪比小于 2.5dB 时，提出的可逆 QC-LDPC 码纠错性能略优于随机码，信噪比更高时，可逆 QC-LDPC 码纠错性能的优势较为明显，在误码率为 10^{-5} 时，优于随机码约 0.2dB。更多的仿真表明，当码字较短时，提出的可逆 QC-LDPC 码性能优于随机码；当码字变长时，提出的可逆 QC-LDPC 码的性能渐渐与随机码的性能相当；当码字更长时，QC-LDPC 码受本身最小汉明距离的限制[149]，性能不如随机码。

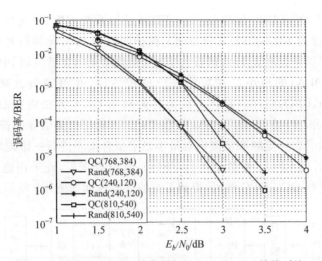

图 4.6　可逆 QC-LDPC 码与随机 LDPC 码 BER 性能对比

2. 可逆 QC-LDPC 码在水声信道中的性能

为评估 QC-LDPC 码在水声通信中的系统性能,将提出的 QC-LDPC 编码方法应用于 零 填 充 OFDM(Zero Padding-Orthogonal Frequency Division Multiplexing, ZP-OFDM)系统在水声信道中传输,这里的水声信道从 2010 年的海试数据中处理获得,试验中收发换能器相距 1km,均位于水下 10m 处,收发换能器上方分别固定在收发船上,收发船静止,此时,多普勒效应由收发换能器随水流晃动、海面的风浪、时钟的漂移等引入。从海试数据中处理获得的水声信道的多径径数为 2～7 条,为了平均多径对数据的影响,从黄骅浅海试验数据估计的信道中选择一包经历的信道作为仿真用的水声信道,如图 4.7 所示,其中横坐标表示数据在信道中延时的符号数,纵坐标表示信道冲激响应的幅度,可以看出信道中能量较高的多径径数为 4 条,符号延时较长。另外,为仿真水声信道中的多普勒效应,在信道中加入了均匀分布的随机载波频率偏移。

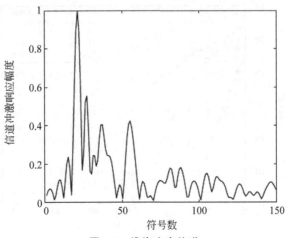

图 4.7　浅海水声信道

图 4.8 给出了 QC-LDPC 编码的 ZP-OFDM 通信系统框图,系统所用的仿真参数设置如下:FFT 长度为 1024,OFDM 符号间的保护间隔为 600,导频符号数为 256,调制方式为 QPSK,编码码率为 2/3、1/2,码长为 768。接收端采用文献[174]中的基于交叠相加(OverLap-Add,OLA)的最小二乘算法进行信道估计,并得到载波频率偏移(Carrier Frequency Offset,CFO)估计。具体方法为首先利用 OLA 方法将接收到的 ZP-OFDM 符号变为 CP(Cyclic-Prefixing)-OFDM 的形式;然后,利用已知的导频符号根据最小二乘准则估计信道;最后在一定频率范围内对最小二乘拟合误差进行一维搜索,误差最小时对应的频率即为估计的 CFO。对数据进行 CFO 估计及校正后,先采用迫零均衡器对数据进行均衡,然后进行 QC-LDPC 解码,得到系统的误码性能如图 4.9 所示。

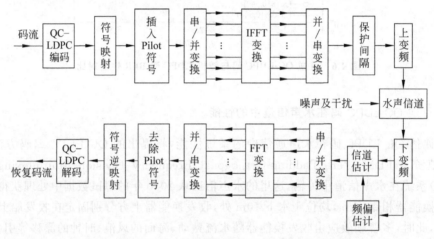

图 4.8　QC-LDPC 编码的 ZP-OFDM 通信系统框图

从图 4.9 中可以看出,单通道未编码 OFDM 系统误码率降到 10^{-5} 时需要的信噪比为 52dB,而达到同样性能时双通道需要的信噪比约为 35dB。经 LDPC 编码的 OFDM 系统能够获得更优的性能,码率越低,性能提升越高。码率为 1/2 时,提出的 QC-LDPC 码的

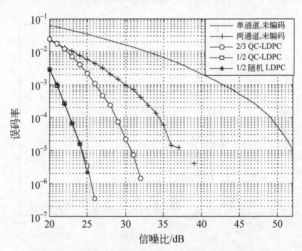

图 4.9　可逆 QC-LDPC 码在水声信道中的性能

性能与随机 LDPC 码类似,证明了可逆 QC-LDPC 码在水声信道中的有效性能。另外,由于可逆 QC-LDPC 码在时间和空间复杂度上都低于随机 LDPC 码,因此,可逆 QC-LDPC 码更适用于水声通信。然而,需要注意的是,随着码长增长,QC-LDPC 码受本身最小汉明距离特性的限制,性能渐渐劣于随机 LDPC 码。另外,对比编码的 OFDM 系统和多通道 OFDM 系统,编码的 OFDM 系统的 BER 性能曲线更加陡峭。

与高斯白噪声信道下的结果相比,水声信道下采用 OFDM 技术的通信系统性能较差,原因有以下几点:

(1) 浅海信道中较为严重的多径、较长的传播延时以及多普勒效应严重影响了接收性能。

(2) 接收端采用的迫零均衡器对噪声有放大作用,若采用更加复杂的算法,OFDM 系统的性能会有提高。

(3) OFDM 调制的频率分集数为 1,即若信道在某一子载波频率处存在零值,OFDM 系统将无法恢复出此子载波上的数据。2/3 码率和 1/2 码率编码的 OFDM 系统在误码率为 10^{-5} 时,所需的信噪比分别为 30.8dB 和 25.2dB,对比未编码系统分别获得了 21.2dB 和 26.8dB 的增益,1/2 码率编码的系统对比 2/3 码率编码的系统有 5.6dB 的增益,因此,采用 QC-LDPC 编码可以大幅改善系统的误码性能,提高系统的鲁棒性,这是因为编码的 OFDM 系统的频率分集数增加,改善了系统性能。另外,编码增加的冗余信息也提高了系统的可靠性。

4.6　本章小结

本章提出了一种低复杂度的可逆 QC-LDPC 码校验矩阵的构造方式及编码算法,克服了传统 LDPC 码如下几个问题:

(1) 随机 LDPC 码校验矩阵使用不灵活,接收端必须存储与发送端相同的校验矩阵才能正确解码,码长较长时空间复杂度较高。

(2) QC-LDPC 码校验矩阵不满秩,致使实际构造码率大于设计码率,为系统设计带来困难。

(3) 编码复杂度过高。

提出的算法通过合理设置零矩阵构造校验矩阵,利用循环矩阵与有限域多项式的关系,根据扩展的欧几里得算法判断矩阵的可逆性,并且编码时根据回溯扩展的欧几里得算法得到逆矩阵,大大降低了编码复杂度。接收端只需几个参数就可生成与编码端相同的校验矩阵,节省了大量存储空间。对性能的仿真表明,短码长时构造的 QC-LDPC 码性能优于随机 LDPC 码,随着码长增长,QC-LDPC 码受本身最小汉明距离特性的限制[149],性能渐渐劣于随机 LDPC 码。

第 5 章
基于导频辅助的LDPC编解码

5.1 引言

LDPC 解码算法本质上基于 Tanner 图中变量节点和校验节点之间的消息传递,因此,当信道状况较差时,如低信噪比、快衰落等,节点之间的消息传递将变得不可靠,从而导致误差传播的产生,降低解码性能。

基于 BP 算法的理论研究人员提出了各种策略改善解码性能。Yedidia 等[175]提出了广义 BP 算法,通过一组节点而不是单个节点的信息交换来改善性能。Fossorier 将 BP 算法和有序统计解码算法相结合,采用有序统计解码算法重新处理解码器输出的信息,减小了 BP 算法和最优似然解码之间的距离[176],但是复杂度较高。文献[177]提出一种串行置信传播(Serial Belief Propagation,SBP)策略,在每次迭代中信息沿所有边在变量节点和校验节点间进行双向传递,以提高解码器的收敛速度。文献[178]针对 PPM(Pulse-Position-Modulation)调制方式提出了一种软信息提取算法,通过指数函数重新排列软信息,最终能得到更好的性能。文献[179]通过加入可控的确定数据降低了 LDPC 码的解码阈值,但是相应地增加了更多的冗余,降低了系统的有效速率。文献[180]利用一个自适应调整的规整因子来提高信息传递的准确性,相比于传统算法有约 0.2dB 的性能改善。文献[181]对接收的信号的对数似然比信息设置一个阈值,解调似然比信息超过阈值的数据,而丢弃低于阈值的数据,与无码率编码(Rateless Coding)技术相结合,改善了通信系统的误码率性能。

因此,如果在变量节点中存在已知的比特或者能够从解码过程中得到可靠的比特,则节点间传递的消息将变得更为准确,进而提高 LDPC 解码的性能。基于以上分析,本节提出了基于导频辅助的 LDPC 编解码算法,算法通过两种导频数据提高 LDPC 码的性能:

(1) 直接插入到数据比特流中的已知的比特,称为硬导频(Hard Pilot);

(2) 从解码迭代过程中提取的可靠的比特,称为软导频(Soft Pilot)。

基于导频辅助的 LDPC 编解码算法整体框图如图 5.1 所示,整个算法由两部分组成:

(1) 基于硬导频的 LDPC 编码器。

首先在编码前插入已知的导频比特,然后与信息比特同时进行编码。另外,由于插入的比特在发送端和接收端是已知的,因此,在编码后可去除码字中的导频比特,提高有效数据速率。接收端在解码前,在数据块内插入已知的导频数据,即可恢复码块内的数据。由于导频比特可以提供无限高的可靠性,因此,可以阻止不可靠节点的误差传播,使得节点间的消息传播更加置信。

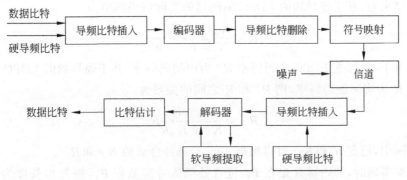

图 5.1　基于导频辅助的 LDPC 编解码算法整体框图

（2）基于软导频提取的 LDPC 解码器。

解码算法根据每次迭代输出的对数似然比信息与误码率之间的关系提取可靠性较高的数据作为已知数据，即软导频，在之后的迭代中将软导频看作已知信息，使得变量节点与校验节点间的信息传递更加可信，从而提高解码器的性能，降低通信系统的误码率。与文献[181]的思想不同的是，本书算法通过设置两个阈值提取出可靠性较高的比特，用于辅助解码过程，而不处理低于阈值的数据。

5.2　基于硬导频的 LDPC 编码器

由图 5.1 可知，基于硬导频的编码器包括 3 个部分：硬导频比特插入、标准 LDPC 编码和硬导频比特删除。

首先，将已知的硬导频比特插入到数据比特中，插入方式可以为连续插入、交织插入或随机插入，如图 5.2 所示。将 K_p 个硬导频比特 $\boldsymbol{B}_h$ 插入到 K_b 个数据比特中，导频位置为 $\boldsymbol{P}_h$，则得到长度为 $K^* = K_b + K_p$ 的信息块 $\boldsymbol{s} = [s_1, s_2, \cdots, s_{K^*}]$。由于 LDPC 码有良好的自交织性，因此 3 种插入方式性能近似。

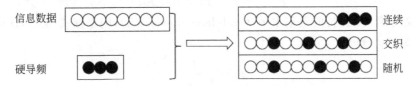

图 5.2　硬导频比特插入方式

然后，采用标准 LDPC 编码算法对 $\boldsymbol{s}$ 进行编码，得到 N^* 个编码码字 $\boldsymbol{c} = [c_1, c_2, \cdots, c_{N^*}]$，其中 N^* 为码字长度，则码率为

$$R^* = \frac{K^*}{N^*} = \frac{K_b + K_p}{K_b + K_p + M} \tag{5.1}$$

式中，M 表示校验比特数目。

由于硬导频比特是已知的，因此，为了提高传输效率并节省发送功率，在编码完成后

删除硬导频数据，即仅发送未知的 $N=K_b+M$ 个数据比特和校验比特。因此，从发送端的数据角度来看，基于硬导频的 LDPC 编码器的实际编码码率为

$$R=\frac{K_b}{N}=\frac{K_b}{K_b+M} \tag{5.2}$$

在本节中，称标准 LDPC 编码码率 R^* 为内编码码率，基于硬导频的 LDPC 编码器的总体码率 R 为实际编码码率，则 R^* 和 R 之间的关系为

$$R^*=\frac{K_b+K_p}{K_b+K_p R}R \tag{5.3}$$

在实际中，给定 R 和 K_b，可以根据式(5.3)选择合适的 K_p 和 R^*。

接收端解码时，解码器首先在 $\boldsymbol{P}_h$ 位置处插入导频数据 $\boldsymbol{B}_h$，恢复出长度为 N^* 的数据，之后进行基于导频辅助提取的解码过程，解码过程利用了已知的硬导频数据和提取的可靠的软导频数据共同提高节点间消息传递的可靠性，降低误差传播的影响，从而改善解码性能。

5.3 基于导频辅助的解码算法

5.3.1 软导频提取的理论依据

将误码率定义为 $p_i=P\{\hat{c}_i\neq c_i|\boldsymbol{y}\}$，其中，$\boldsymbol{y}$ 为接收端的观测矢量，c_i 为发送码字中的第 i 个比特值，$\hat{c}_i$ 为解码器输出的第 i 个比特的估计值，则似然信息 LLR_i 与误码率 p_i 有以下关系[162]：

$$D_i=|\text{LLR}_i|=\begin{cases}\ln\dfrac{P\{\hat{c}_i=0\mid\boldsymbol{y}\}}{P\{\hat{c}_i=1\mid\boldsymbol{y}\}}, & c_i=0\\[3mm]\ln\dfrac{P\{\hat{c}_i=1\mid\boldsymbol{y}\}}{P\{\hat{c}_i=0\mid\boldsymbol{y}\}}, & c_i=1\end{cases} \tag{5.4}$$

$$=\ln\frac{P\{\hat{c}_i=c_i\mid\boldsymbol{y}\}}{P\{\hat{c}_i\neq c_i\mid\boldsymbol{y}\}}=\ln\frac{1-p_i}{p_i}$$

将 D_i 定义为第 i 个比特的置信水平(Confidence Level，CL)，则根据式(5.4)，误码率可以粗略估计为

$$p_i=\frac{1}{1+e^{D_i}} \tag{5.5}$$

可以看出，比特的错误概率随着置信水平的升高而呈指数衰减趋势。

为了验证式(5.5)的正确性，对不同置信水平下的理论误码率和由大量仿真实验得到的实际误码率进行比较，图 5.3 给出了理论和实际的置信水平与误码率的关系，其中实际误码率通过 10^{11} 个数据仿真获得。可以看出，从式(5.5)中获得的理论误码率与实际相符。随着置信水平的升高，误码率呈指数衰减，数据的可靠性随之提高。从 3.3.4 节标准 LDPC 解码算法的步骤中可以看出，解码算法平等地看待所有接收数据的噪声水平。然而，由于相同方差下的噪声存在浮动，且当解码前数据有信道残差影响时，不同比特的可

靠性差别较大,可靠性低的数据在消息传递时可能导致误差传播。反之,如果能更好地利用可靠性较高的比特阻止误差传播过程,解码性能将会得到提升。

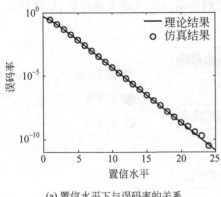

(a) 置信水平下与误码率的关系

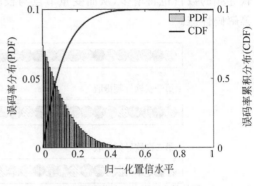

(b) 归一化置信水平与误码率的关系

图 5.3　置信水平与误码率的关系

设码长为 N 的 LDPC 码的对数似然信息为 $\boldsymbol{L}=[l(1),l(2),\cdots,l(N)]^{\mathrm{T}}$,则对应的置信水平为 $\boldsymbol{D}=[d(1),d(2),\cdots,d(N)]^{\mathrm{T}}$,其中 $d(i)=|l(i)|,i=1,2,\cdots,N$,置信水平的最大值为 $d_{\max}=\max(\boldsymbol{D})$。定义归一化置信水平(Normalized Confidence Level,NCL)为置信水平与码块中最高置信水平的比值,即

$$d_N(i)=\frac{d(i)}{d_{\max}}=\frac{|l(i)|}{\max(|\boldsymbol{L}|)},\quad i=1,2,\cdots,N \tag{5.6}$$

图 5.3(b)给出了一定的 NCL 下错误概率分布和累积分布曲线。从图中可以看出,NCL 越低,可能的错误概率越高,NCL 越高,错误概率越低,对应的比特越可靠。

因此,对图 5.3 的分析可知,如果提取 CL 或 NCL 较高的数据为软导频数据,用以提高 LDPC 解码时节点之间的信息传递的可靠性,提升解码性能。

5.3.2　软导频提取算法

基于 5.3.1 节的分析及图 5.3 的结果,算法采取两种阈值提取可靠比特为软导频:绝对阈值 T_a 和相对阈值 T_r,其中,绝对阈值与置信水平 CL 有关,而相对阈值与归一化置信水平 NCL 有关,阈值的选取分析如下。

1. 绝对阈值 T_a 的选取

从图 5.3(a)可知,当置信水平高于 20 时,对应的数据的误码率小于 10^{-9},对性能影响较小,因此,选取绝对阈值 $T_a=20$。

2. 相对阈值 T_r 的选取

图 5.3(b)显示当归一化置信水平高于 0.5 时,错误概率小于 10^{-6},为了导频提取更加可靠,选取相对阈值 $T_r=0.8$。

解码算法在每次迭代过程中的变量节点与校验节点间消息更新完成后,将置信水平和归一化置信水平满足两种阈值的数据提取出作为软导频,辅助进行下次迭代过程。图 5.4 给出了迭代过程中提取软导频数据的示意图,可以看出,随着迭代次数的增加,提取出的软导频的数目也将增多,从而变量节点与校验节点之间的消息传递越来越可靠,最终将改善解码性能。

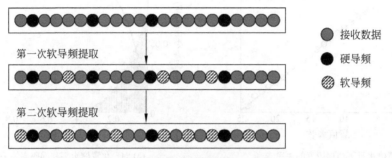

接收数据
硬导频
软导频

第一次软导频提取

第二次软导频提取

图 5.4   提取软导频数据示意图

图 5.5 表示第 l 次迭代过程中软导频提取算法框图,根据迭代输出的似然信息提取出可靠的已知信息,用于下一次迭代过程,图中的 $P^{(l)} = \{p^{(l)}(1), p^{(l)}(2), \cdots\}$ 表示第 l 次迭代后所有的软导频比特所在的位置集合,为第 $l-1$ 次迭代时的软导频位置集合 $P^{(l-1)}$ 与第 l 次迭代后提取的软导频位置集合的并集,长度为 $N_p^{(l)}$。令 P_t 表示第 l 次迭代后根据对数似然比信息提取的软导频位置集合,其为满足置信水平高于绝对阈值或归一化置信水平高于相对阈值的数据所在的位置的集合,可表示为

$$P_t = \{i \mid d(i) > T_a \mid d_N(i) > T_r, i \in [1, N] \&\& i \notin P^{(l-1)}\} \tag{5.7}$$

式中,$d(i)$ 和 $d_N(i)$ 分别表示第 i 个数据的置信水平和归一化置信水平,$||$ 和 $\&\&$ 分别表示"或"、"与"操作。因此,第 l 次迭代后,导频位置集合 $P^{(l)}$ 可表示为

$$P^{(l)} = P^{(l-1)} \bigcup P_t \tag{5.8}$$

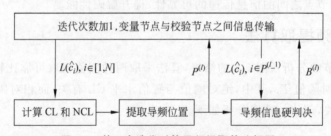

迭代次数加1,变量节点与校验节点之间信息传输

$L(\hat{c}_i), i \in [1,N]$ $P^{(l)}$ $L(\hat{c}_i), i \in P^{(l-1)}$ $B^{(l)}$

计算 CL 和 NCL → 提取导频位置 → 导频信息硬判决

图 5.5   第 l 次迭代时软导频提取算法框图

令 $B^{(l)} = \{b^{(l)}(1), b^{(l)}(2), \cdots\}$ 表示第 l 次迭代后所有软导频的值,为导频位置处对对数似然比信息的硬判决。第 i 个软导频比特的值 $b^{(l)}(i)$ 可计算为

$$b^{(l)}(i) = \begin{cases} 1, & L(\hat{c}_j) > 0 \\ 0, & L(\hat{c}_j) \leqslant 0 \end{cases}, \quad i = p^{(l)}(j) \tag{5.9}$$

下次迭代时,在 $P^{(l)}$ 位置处的软导频比特将作为已知数据辅助解码算法,由于已知数据能提供更多可靠的信息,因此,解码性能将得以改善。

5.3.3　基于导频辅助的解码算法

图 5.6 给出了基于导频辅助的解码算法流程图,由于导频位置处的数据有较高的可靠性,因此,需要对标准解码算法中与导频相关的似然信息进行修改。具体步骤如下。

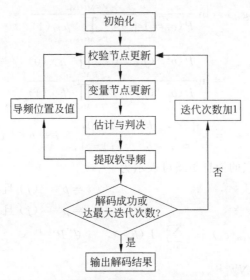

图 5.6　基于导频辅助的解码算法流程图

(1) 导频位置和对应的比特值初始化。

由于硬导频数据是预先确定的,因此导频位置初始化为 $P^{(0)} = P_h$,对应的导频比特为 $B^{(0)} = B_h$,长度为 $N_p^{(0)} = K_p$,则根据式(3.70),每个比特的对数似然信息可计算为

$$L_{\mathrm{pri}}(c_i) = \begin{cases} \ln \dfrac{P(c_i = 0)}{P(c_i = 1)}, & i \in P^{(0)} \\[2mm] \ln \dfrac{P(c_i = 0 \mid y_i)}{P(c_i = 1 \mid y_i)}, & \text{其他} \end{cases}$$

$$= \begin{cases} +\infty, & i = p^{(0)}(j) \text{ 且 } b^{(0)}(j) = 0 \\ -\infty, & i = p^{(0)}(j) \text{ 且 } b^{(0)}(j) = 1 \\ 2y_i/\sigma^2, & \text{其他} \end{cases} \tag{5.10}$$

式中,$1 \leqslant i \leqslant N$,$1 \leqslant j \leqslant N_p^{(0)}$。

对变量节点的 LLR 值初始化与 3.3.4 节描述的校验节点更新算法一致,如式(3.71)所示。

(2) 对校验节点进行消息更新。

对校验节点的消息更新算法如式(3.72)所示,计算得到校验节点的 LLR 为 $L(h_{ji})$。

(3) 对变量节点进行消息更新。

由于导频信息和非导频信息提供的消息的可靠性不同,因此根据当前变量节点是否对应导频数据,对变量节点的消息更新分为两种情况进行讨论。

① 对于非导频信息,按照式(3.73)进行节点更新。

② 对于导频信息,由于比特值根据式(5.9)已经确定为 0 或 1,因此,导频位置处的数据将有无限高的可靠性。第 l 次迭代时,导频位置处的变量节点 $i(i \in P^{(l-1)})$ 的更新利用了第 $(l-1)$ 次迭代提取的软导频信息,更新算法为

$$
\begin{aligned}
L(g_{ij}) &= \ln \frac{P(c_i = 0 \mid y_i) \prod\limits_{j' \in M(i)\backslash j} h_{j'i}(0)}{P(c_i = 1 \mid y_i) \prod\limits_{j' \in M(i)\backslash j} h_{j'i}(1)} \\
&= \ln \frac{P(b^{l-1}(j) = 0) \prod\limits_{j' \in M(i)\backslash j} h_{j'i}(0)}{P(b^{l-1}(j) = 1) \prod\limits_{j' \in M(i)\backslash j} h_{j'i}(1)} \\
&= \begin{cases} +\infty, & b^{l-1}(j) = 0, \\ -\infty, & b^{(l-1)}(j) = 1, \end{cases} \quad i = p^{(l-1)}(j)
\end{aligned} \tag{5.11}
$$

因此,所有变量节点的消息更新可表示为

$$
L(g_{ij}) = \begin{cases} +\infty, & i = p^{(l-1)}(j) \text{ 且 } b^{l-1}(j) = 0 \\ -\infty, & i = p^{(l-1)}(j) \text{ 且 } b^{l-1}(j) = 1 \\ L_{\text{pri}}(c_i) + \sum\limits_{j' \in M(i)\backslash j} L(h_{j'i}), & i \notin P^{(l-1)} \end{cases} \tag{5.12}
$$

式中,$1 \leqslant i \leqslant N$,$1 \leqslant j \leqslant N_p^{(l-1)}$。

(4) 计算变量节点的软判决信息。

由于导频信息是已知的,因此,只需要求解非软导频变量节点的对数似然比信息,表示为

$$
L(\hat{c}_i) = L_{\text{pri}}(c_i) + \sum_{j \in M(i)} L(h_{j,i}), \quad i \notin P^{(l-1)} \tag{5.13}
$$

因此,码长为 N 的码字第 i 个比特的硬判决估计为

$$
\hat{c}_i = \begin{cases} b^{(l-1)}(j), & i \in P^{(l-1)}, \quad i = p^{l-1}(j) \\ 0, & i \notin P^{(l-1)}, \quad L(\hat{c}_i) > 0 \\ 1, & i \notin P^{(l-1)}, \quad L(\hat{c}_i) \leqslant 0 \end{cases} \tag{5.14}
$$

(5) 软导频提取。

根据输出的似然信息按照 5.3.2 节的描述提取并更新导频数据的位置及值。首先根据式(5.13)的结果提取第 l 次迭代的导频,如式(5.7)所示,然后根据式(5.8)得到第 l 次迭代后总的导频信息的位置 $P^{(l)}$。同时,软导频比特值集合 $B^{(l)}$ 可通过式(5.14)的结果得到,即 $b^{(l)}(j) = \hat{c}_i$,其中 $i = p^{(l)}(j)$。$P^{(l)}$ 及 $B^{(l)}$ 将用于第 $(l+1)$ 次迭代过程。

(6) 解码迭代。

当 $H\hat{c} = 0$ 或者已经达到最大迭代次数时,结束迭代,输出解码结果 $\hat{c}$。否则,将软导频位置信息 $P^{(l)}$ 及导频值信息 $B^{(l)}$ 用于第 $(l+1)$ 次迭代过程,从步骤(2)开始新的迭代过程。

5.4　性能分析

首先,对基于硬导频的 LDPC 算法在 AWGN 信道和瑞利平坦衰落下性能进行评估。比较了编码码率为 $R=1/3$、码字长度为 $N=1200$、每帧数据比特为 $K_b=400$ 时标准 LDPC 码和基于硬导频的 LDPC 码的性能,其中,对于基于硬导频的 LDPC 码,选择导频比特个数为 $K_p=400$,则 $R^*=1/2$,信息块长度为 $K^*=K_b+K_p=800$,编码后的长度为 $N^*=1600$,由于编码后删除了硬导频比特,因此发送比特为 $N=N^*-K_p=1200$,即基于硬导频 LDPC 码的实际编码码率为 $R=K_b/N=1/3$,与标准 LDPC 码相同。另外,设置 LDPC 解码器的最大迭代次数为 50,仿真帧数为 10^6。

图 5.7 给出了基于硬导频的 LDPC 算法在 AWGN 信道和瑞利平坦衰落信道下的误码率和误帧率(Frame Error Rate,FER)性能,图中的[Std.]表示采用标准 LDPC 算法的结果,[HP]表示采用硬导频信息 LDPC 算法的结果。E_b/N_0 为单位带宽内单位比特的信噪比,可计算为

$$\frac{E_b}{N_0}(\mathrm{dB})=\mathrm{SNR}(\mathrm{dB})+10\log_{10}\left(\frac{0.5}{R}\right) \tag{5.15}$$

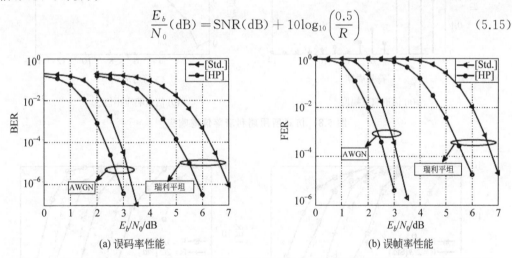

(a) 误码率性能　　　　　　　　　　　　(b) 误帧率性能

图 5.7　基于硬导频的 LDPC 算法在 AWGN 信道和瑞利平坦衰落信道下的误码率和误帧率性能

当信道为瑞利平坦衰落时,令 a_i 表示衰落系数,其均值为 0,方差为 1 的高斯随机变量,则第 i 个接收符号可表示为 $y_i=a_ix_i+w_i$,其中 w_i 为噪声变量。

从图 5.7 中可以看出,基于硬导频 LDPC 算法在 AWGN 信道和瑞利平坦衰落信道下的性能优于标准 LDPC 算法,并且瑞利平坦衰落信道下的性能增益更大,这是因为信道越差,变量节点与校验节点间消息传递的可靠性越差,从而已知的导频数据的作用越明显。另外,随着 E_b/N_0 的增加,由于节点间的消息传递越来越可靠,因此,硬导频比特提供越来越少的性能增益。在 AWGN 下,BER 为 10^{-4} 时,基于硬导频的 LDPC 算法的性能增益约为 0.6dB,而当 BER 为 10^{-6} 时,性能增益约为 0.4dB。

另外,对基于导频辅助的 LDPC 算法与标准 LDPC 算法在瑞利选择性衰落信道中的性能进行了对比。信道多径的符号扩展数目由均方根(Root Mean Square,RMS)时延 σ_τ

决定，为 $N_p = \lceil 10\sigma_\tau / T_s \rceil$，其中 T_s 为符号周期，σ_τ 可由最大延时扩展 τ_m 与显著的路径数目的比例 η 计算，表示为 $\sigma_\tau = -\tau_m / \ln\eta$，则第 p 条径的功率为 $\sigma_p^2 = \sigma_0^2 e^{-pT_s\sigma_\tau}$，其中 σ_0^2 为第一条径的功率。当 $\tau_m = 1.5\text{ms}$，$\eta = 0.1$，$T_s = 0.5\text{ms}$ 时，信道响应的幅度和相位情况如图 5.8 所示。基于硬导频的 LDPC 算法的误码率和误帧率性能仿真结果如图 5.9 所示，其中，仿真系统采用 QPSK 映射的 CP-OFDM 调制方式，图中的[Std.]表示采用标准 LDPC 算法的结果，[HP]表示采用硬导频信息的 LDPC 编解码算法的结果。可以看出，在衰落信道下，采用硬导频显著提高了 LDPC 码的性能，且码率越低，提高的性能越多。当 BER 为 10^{-3} 时，相比较标准 LDPC 码，基于硬导频的 LDPC 码在码率为 5/6 及 1/2 时分别有约 2.4dB 和 3.5dB 的性能增益。

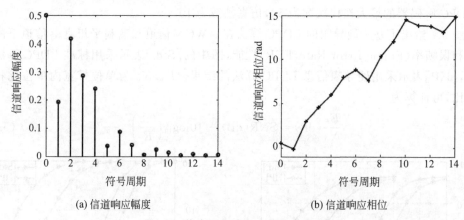

(a) 信道响应幅度   (b) 信道响应相位

图 5.8   仿真所用瑞利衰落信道响应

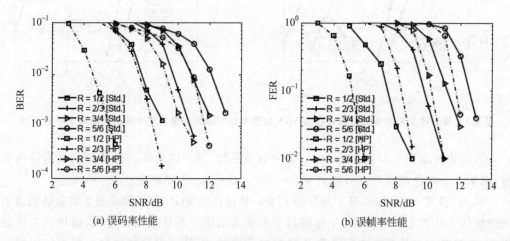

(a) 误码率性能   (b) 误帧率性能

图 5.9   基于硬导频的 LDPC 算法的误码率和误帧率性能

图 5.10 给出了 20 000 包数据中采用标准和积解码算法得到的 BER 与采用软导频信息提取的解码算法得到的 BER 的对比，其中，图中的[Std.]表示采用标准和积解码算法的结果，[SP]表示采用软导频信息提取的 LDPC 解码算法的结果。从图中可以看出，采用软导频信息提取的 LDPC 解码算法能使 99% 包的误码率低于标准算法，将 20 000 包数

据的误码率由标准算法得到的 10^{-2} 降为 10^{-4}，显著提高了解码性能。

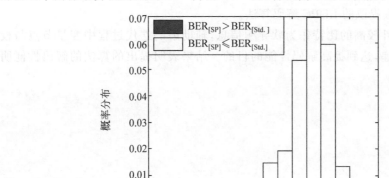

图 5.10 标准解码算法与基于软导频的解码算法的 BER 对比

图 5.11 给出了基于软导频提取的 LDPC 解码算法的误码率和误帧率的性能。仿真采用 BPSK 调制方式，对码长为 648，码率为 1/2、2/3、3/4 和 5/6 的 LDPC 码的解码性能分别进行了性能对比。从图中可以看出，对比标准解码算法，采用软导频信息提取的解码算法能获得约 0.5～2dB 的性能增益。

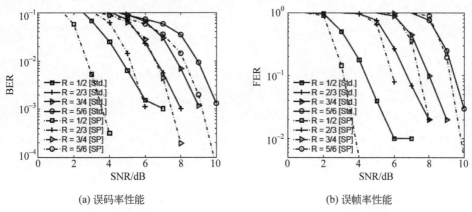

(a) 误码率性能   (b) 误帧率性能

图 5.11 基于软导频的 LDPC 解码算法的误码率和误帧率性能

5.5 本章小结

本章提出了基于导频辅助的 LDPC 编解码算法，算法通过两种方式提高 LDPC 码的性能：

（1）基于硬导频的 LDPC 算法。

在编码前插入导频比特与信息比特同时进行编码，在编码后去除码字中的导频比特以提高通信有效性，由于导频比特可以阻止不可靠节点的误差传播，使得节点间的消息传播将会更加置信。

（2）基于软导频提取的 LDPC 解码算法。

通过提取可靠性较高的比特作为软导频信息，辅助解码迭代过程中变量节点与校验节点之间的消息传递，达到提高解码性能的目的。结果表明提出的算法的解码性能明显优于标准解码算法。

图 5.10　基于软导频信息辅助方法与标准解码算法的性能对比

图 5.11　基于软导频提取 LDPC 解码算法及其他解码算法性能对比

第 6 章

基于加窗误差自相关估计的联合 RLS-LMS均衡

6.1 引言

声波在水下传播时受反射、折射等影响产生多径效应，使得多个符号之间相互叠加，导致严重的码间干扰。同时，收发端之间的相互运动或传播介质的变化产生多普勒效应，使得信号扩展或压缩，给数据恢复造成极大的困难。如何消除时变的多径效应及相位变化是高速、可靠水声通信的关键，也是通信系统算法设计的难点。

已有方法利用均衡器合并多条径携带的信息来降低时变水声信道中的 ISI 对信号的影响，并且结合锁相环来补偿相位的偏移。然而，水声信道的延时扩展较长，特别是在水平浅水信道中，多径时延可扩展到几十甚至上百个符号。另外，随着通信距离的增加，时延扩展也会增加，相应地，所需要的均衡器抽头数目也增多，这增加了均衡算法的复杂度。

本章针对 RLS 算法复杂度较高和 LMS 算法收敛速度慢的问题，提出了基于加窗误差自相关估计的联合 RLS-LMS 均衡算法，在保证均衡性能的同时大大降低了复杂度。

6.2 问题提出

LMS 和 RLS 算法是应用最广泛的两种均衡器抽头更新算法。根据 3.5.2 节的分析可知，LMS 算法和 RLS 算法各存在优缺点。LMS 算法复杂度最低，但是收敛速度较慢，这表明 LMS 算法需要更多的训练序列，降低了传输的有效速率。RLS 算法的收敛速度较快，能够跟踪时变性更加严重的信道，但是复杂度高，这限制了算法在延时较长的水声信道中的实时应用。尽管已存在一些均衡器能将 RLS 算法的复杂度降低为近似线性，如快速横向滤波器[183]、Lattice 滤波器[184]，然而，这些算法的操作次数仍然高于 LMS，并且存在数值不稳定的问题[185]。而之后提出的数值稳定的快速 RLS 算法在跟踪速度和数值稳定性之间进行折中，降低了算法的性能。

为了最大限度地利用两种算法的优点，本节提出一种基于加窗误差自相关估计的联合 RLS-LMS 均衡算法，在复杂度和均衡性能之间进行折中。文献[84,186]也利用了这种思想，在处理训练序列时采用 RLS 算法，处理信息数据时采用 LMS 算法。然而，这种分段选择更新算法的方法有如下两个缺点。

（1）由于均衡器可能在训练阶段某一时刻达到收敛,而收敛后对训练序列的处理可以采用 LMS 算法,因此这种联合算法没有最大限度地降低复杂度;

（2）由于在数据序列进行均衡时采用 LMS 算法,因此,不能跟踪时变性严重或存在突发干扰的信道。

不同于以上方法,本节提出的联合 RLS-LMS 算法采用根据均衡结果自适应地进行算法选择,从而解决以上两个缺点。

本节提出的联合 RLS-LMS 算法的基本思想是在均衡器的收敛阶段,及信道快速时变或有突发干扰时采用 RLS 算法更新均衡系数,而当均衡器处于稳定状态及信道缓慢变化时采用 LMS 算法更新系数,从而在跟踪性能与复杂度之间得到更好的平衡。如何监测收敛时刻及信道变化是算法的一个难点。虽然 MSE 可衡量均衡器的收敛与稳态特性,但是 MSE 是一个平均的量度,因此,不适合瞬时情况下的应用。基于以上原因,本节采用加窗误差自相关估计来跟踪信道的变化速度及检测均衡器的状态,通过将估计值与预定义的阈值进行对比,来决定适合的抽头系数更新算法。

6.3　联合 RLS-LMS 均衡算法

为了提高通信的可靠性并降低连续误码造成的性能损失,发送端在传输信息前,分别对原始比特流进行信道编码及交织,如图 6.1 所示。随后,在交织后的数据前插入用于跟踪信道变化的训练序列,这些称为一帧数据。数据经过符号映射后,得到一帧的符号数据,记为 $s=[s(0),\cdots,s(N-1)]^{\mathrm{T}}$,其中,$N$ 为一帧内的符号数目。最后,s 经过脉冲成型、上变频及数模变换将信号发送到信道。

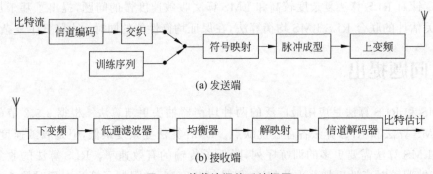

(a) 发送端

(b) 接收端

图 6.1　单载波通信系统框图

接收端接收到来自信道的信号后,首先进行模数转换、下变频及低通滤波,将带通模拟信号变为基带数字信号,并采样成符号数据。采样后的数据可表示为

$$y(n)=\sum_r h(r)s(n-r)+v(n),\quad n=0,\cdots,N-1 \tag{6.1}$$

式中,$h(r)$ 表示第 r 条径的信道响应;$v(n)$ 均值为 0、方差为 σ^2 的高斯噪声。之后,均衡器通过合并多路信号来估计发送符号 $s(n)$,经过符号解映射和解交织后,进行信道解码,得到比特估计。

图 6.2 给出了联合 RLS-LMS 均衡算法框图。在每次迭代中,均衡器根据当前的收

敛状态及信道变化从 RLS 算法和 LMS 算法中选择一个均衡器系数更新算法,算法的选取基于加窗误差自相关估计与预定阈值的比较。

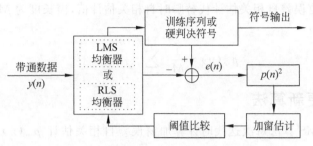

图 6.2　联合 RLS-LMS 均衡算法框图

6.3.1　加窗误差自相关估计算法

输出 MSE 通常用于对均衡器性能的评估,当均衡器处于稳定状态时,MSE 基本保持恒定。然而,MSE 是输出误差的多帧平均值,在一帧内,即使均衡器处于稳定状态且信道平稳,由于噪声的存在,MSE 仍然会有较大浮动。图 6.3 给出了信道响应为 $h=[0.2+j0.1,0,0.8+j0.1,0.5+j0.3,0,0,0.1+j0.04]^{\mathrm{T}}$ 时,采用 LMS 算法得到的一帧数据与 100 帧数据的均衡器输出 MSE 对比,其中,训练符号长度为 300,一帧符号长度为 1000,步长因子为 $\mu=0.01$。从图中可以看出,一帧数据的均衡器输出 MSE 浮动太大,因此,MSE 量度不适合联合 RLS-LMS 均衡器迭代过程中的实时应用。

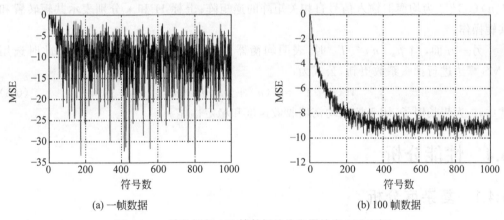

(a) 一帧数据　　　　　　　　　　　　　　(b) 100 帧数据

图 6.3　一帧数据与 100 帧数据的均衡器输出 MSE 对比

为了解决这一问题,本节提出加窗误差自相关估计检测方法,以得到实时均衡器状态。令 $p(n)$ 为当前符号均衡输出误差 $e(n)$ 与前一符号均衡输出误差 $e(n-1)$ 乘积的时间平均估计,表示为

$$p(n)=\beta p(n-1)+(1-\beta)e(n)e(n-1)^{*} \tag{6.2}$$

式中,β 控制误差自相关估计的质量。因此,$|p(n)|^{2}$ 表示误差的电子相关估计,用于检测信道及均衡器的状态。

由于 $|p(n)|^2$ 在持续变化,因此,$|p(n)|^2$ 可能在收敛阶段小于预定义的阈值 T_h,或者在稳定阶段大于阈值 T_h,这将导致算法的不稳定。为了尽可能减少这种现象的发生,本节算法采用加窗误差自相关估计代替瞬时自相关估计值,窗长度为 M 的加窗误差自相关估计可计算为

$$p_w(n) = \frac{1}{M} \sum_{i=n-M+1}^{n} |p(i)|^2 \tag{6.3}$$

6.3.2   系数更新算法

联合 RLS-LMS 算法每次迭代时计算加窗误差自相关估计 $p_w(n)$,并与阈值 T_h 对比,如果 $p_w(n) > T_h$,表示均衡器仍处于收敛阶段,或信道有突然变化,则选用 RLS 算法进行系数更新。假设均衡器阶数为 L,则第 n 次迭代时均衡器抽头系数 $\boldsymbol{W}(n) \in \mathbb{C}^L$ 的更新公式为

$$\boldsymbol{k}(n) = \frac{\boldsymbol{P}(n)\boldsymbol{x}(n)}{\lambda + \boldsymbol{x}^{\mathrm{H}}(n)\boldsymbol{P}(n)\boldsymbol{x}(n)} \tag{6.4}$$

$$\boldsymbol{P}(n+1) = \frac{1}{\lambda}\{\boldsymbol{P}(n) + \boldsymbol{k}(n)\boldsymbol{x}^{\mathrm{H}}(n)\boldsymbol{P}(n)\} \tag{6.5}$$

$$e(n) = s(n) - \boldsymbol{W}^{\mathrm{H}}(n)\boldsymbol{x}(n) \tag{6.6}$$

$$\boldsymbol{W}(n+1) = \boldsymbol{W}(n) + \boldsymbol{k}(n)e(n)^* \tag{6.7}$$

式中,$e(n)$ 为第 n 个符号的误差值;$\boldsymbol{x}(n) = [y(n), y(n-1), \cdots, y(n-L+1)]^{\mathrm{T}}$ 为第 n 次迭代时均衡器的输入矢量;λ 为遗忘因子,取值范围为 $0 \sim 1$;$\boldsymbol{k}(n) \in \mathbb{C}^L$ 为增益矢量;$\boldsymbol{P}(n) \in \mathbb{C}^{L \times L}$ 为均衡器输入信号自相关矩阵的逆矩阵;上标 H 和 * 分别表示共轭转置和共轭操作。

另一方面,当 $p_w(n) \leqslant T_h$ 时,表明均衡器已处于稳定状态且信道稳定,此时选用 LMS 算法进行抽头系数更新,公式为

$$\boldsymbol{W}(n+1) = \boldsymbol{W}(n) + \mu\boldsymbol{x}(n)e(n)^* \tag{6.8}$$

式中,μ 为步长因子,用于控制均衡器收敛速度和稳定性能。

6.4   性能分析

6.4.1   复杂度分析

首先,通过与 RLS 算法和 LMS 算法对比,对联合 RLS-LMS 算法的复杂度进行分析。假设 K_1 和 K_2 分别表示 LMS 算法和 RLS 算法所需的训练序列数目,K_3 表示联合 RLS-LMS 算法选择 RLS 算法的次数。N 为一帧中含有的符号数目,N_d 为一帧中的数据符号数目,由于 LMS 算法的收敛速度较慢,一般有 $K_1 > K_2$。联合 RLS-LMS 算法在均衡器收敛之前总是选择 RLS 算法以加快收敛过程。表 6.1 给出了联合 RLS-LMS 算法与 LMS 算法、RLS 算法的复杂度对比,可以看出联合 RLS-LMS 算法的复杂度介于 LMS 算法和 RLS 算法之间。另外,根据信道的变化情况,K_3 可以自适应地调整,当 K_3 较小时,更接近 LMS 算法,而当 K_3 较大时,更接近 RLS 算法。

表 6.1　联合 RLS-LMS 算法与 LMS 算法、RLS 算法的复杂度对比

算　　法	乘法计算量	加法计算量
LMS 算法	$2LN$	$2LN$
RLS 算法	$(3L^2+4L)N$	$(2L^2+2L)N$
联合 RLS-LMS 算法	$(3L^2+2L)K_3+2LN$	$2L^2K_3+2LN$

图 6.4 描述了数据符号数为 $N_d=15000$，$K_1=K_2=300$，$K_3=150$ 和 300 时的乘法与加法计算量对比。可以看出，当 $K_1=K_2=K_3=300$ 时，LMS 算法的复杂度最低，提出的 RLS-LMS 算法复杂度介于 RLS 算法与 LMS 算法之间但是更接近 LMS 算法。当 $K_3=150$ 时，当均衡器阶数低于 30 时，联合 RLS-LMS 算法有最低的计算量。这是因为联合 RLS-LMS 算法在收敛阶段选择了 RLS 算法，因此相比较 LMS 算法达到收敛所需的训练序列降低，从而总的计算量可能低于 LMS 算法。

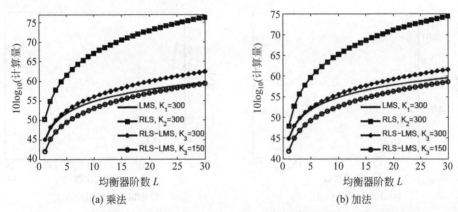

(a) 乘法　　　　　　　　　　　　　　(b) 加法

图 6.4　LMS 算法、RLS 算法和联合 RLS-LMS 算法的乘法与加法计算量对比

为了评估联合 RLS-LMS 算法的性能，本节对算法在平稳和非平稳信道下的 BER 和均衡输出 MSE 性能进行仿真，并与标准 RLS 算法和 LMS 算法比较。

6.4.2　加窗误差自相关估计的分析

首先，对误差自相关估计 $|p(n)|^2$ 的性能进行分析，即 $|p(n)|^2$ 是否能表示瞬时均衡器状态。图 6.5 对比了一帧数据的均衡输出 MSE 与误差自相关估计 $|p(n)|^2$ 在迭代过程中的变化。从图中可知，一帧内 MSE 的浮动较大。如果选用 MSE 作为判断标准，将会导致频繁更换算法，从而使得算法不稳定，而采用较为平滑的误差自相关估计将减少这一问题的出现。

假设加窗长度为 $M=10$，图 6.6 给出了误差自相关估计 $|p(n)|^2$ 与加窗误差自相关 $p_w(n)$ 的性能对比。从图中可以看出，加窗误差自相关估计更为平滑，因此，在选择更新算法时将会更加稳定。

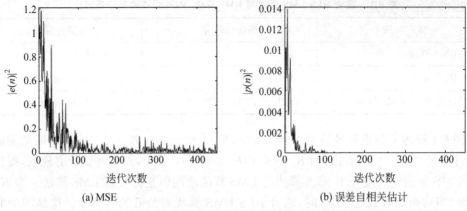

(a) MSE

(b) 误差自相关估计

图 6.5 瞬时误差与误差自相关估计的比较

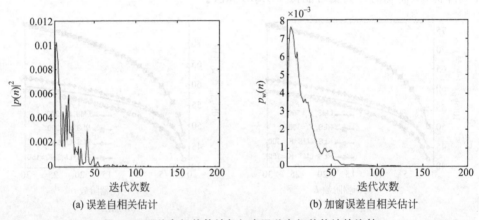

(a) 误差自相关估计

(b) 加窗误差自相关估计

图 6.6 误差自相关估计与加窗误差自相关估计的比较

6.4.3 平稳环境下的 BER 和 MSE 性能分析

为评估均衡器的性能,首先对联合 RLS-LMS 算法在平稳环境中的 MSE 和 BER 性能与 RLS 算法和 LMS 算法进行对比,其中仿真每帧符号数为 3000,调制方式为 QPSK,仿真信道响应为 $h=[0.3,0,1,0.5,0,0,0.1]$。LMS 算法的步长因子为 $\mu=0.01$,RLS 算法的遗忘因子为 $\lambda=0.99$,均衡器阶数为 $L=9$。

图 6.7 给出了平稳环境中联合 RLS-LMS 算法与 RLS 算法、LMS 算法的 BER 与 MSE 性能对比。图 6.7(a) 为 3 种算法的 BER 性能对比结果。从图中可以看出,在平稳环境中,联合 RLS-LMS 算法能获得与 RLS 算法相同的性能,且优于 LMS 算法。图 6.7(b) 给出了 3 种算法在 SNR 为 20dB 时的 MSE 性能对比结果,其中,阈值设置为 $T_h=10^{-6}$。从图中可以看出,联合 RLS-LMS 算法的收敛速度与 RLS 算法相同,稳态性能介于 RLS 与 LMS 之间。

从图 6.7(c) 所示 3 种算法收敛性能的对比可知,LMS 算法的收敛速度最慢,需要约 250 次迭代才能达到收敛,而 RLS 算法和联合 RLS-LMS 算法达到收敛时需要约 100 次迭代。当一帧里有相同的数据符号时，即 N_d 相同，将 $L=9$、$K_1=250$、$K_2=K_3=100$ 和 $N_d=2750$ 代入表 6.1 中的公式可得到乘法计算量为

$$\text{LMS 算法：} 2 \times 9 \times (250 + 2750) = 54000 \tag{6.9}$$

$$\text{RLS 算法：} (3 \times 9^2 + 4 \times 9) \times (100 + 2750) = 795150 \tag{6.10}$$

$$\text{联合 RLS-LMS 算法：} (3 \times 9^2 + 4 \times 9) \times 100 + 2 \times 9 \times 2750 = 77400 \tag{6.11}$$

对加法计算量比较与式(6.9)～式(6.11)类似。从对比结果可知，联合 RLS-LMS 算法的计算复杂度与 RLS 算法的复杂度相比有明显降低，与 LMS 算法的复杂度相比虽然有少量增加，但是由于联合 RLS-LMS 算法所需的训练序列较少，因此数据的有效速率更高。

图 6.7(d)给出了 3 种算法在稳定状态下的 MSE 性能对比。从图中可知，联合 RLS-LMS 算法的性能在 LMS 算法与 RLS 算法之间，3 种算法的平均 MSE 分别为 -17.68dB、-17.82dB 和 -16.88dB，因此，联合 RLS-LMS 算法的稳态 MSE 性能优于 LMS 算法 0.8dB，但与 RLS 算法相比有约 0.14dB 的差距。稳定状态下的 MSE 性能与阈值的选择有关。当阈值选择太小时，说明 RLS 算法将在更多的迭代中被采用，此时联合 RLS-LMS 算法的 MSE 性能将有所提升，但是复杂度也会升高。当阈值选择太大时，说明均衡器在未达到收敛时开始选择 LMS 算法，此时，RLS-LMS 算法的 MSE 性能将会有所损失，但计算量更低。

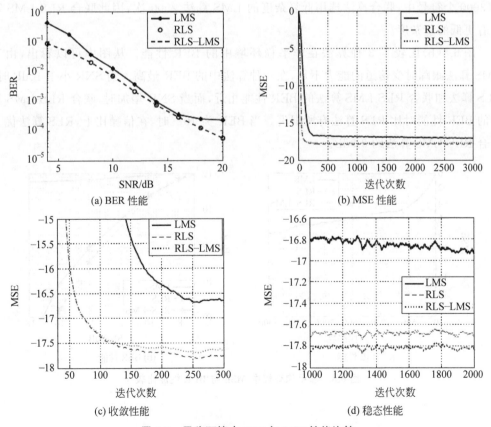

(a) BER 性能　　　　(b) MSE 性能

(c) 收敛性能　　　　(d) 稳态性能

图 6.7　平稳环境中 BER 与 MSE 性能比较

6.4.4　非平稳环境中的 BER 和 MSE 的性能分析

最后，对联合 RLS-LMS 算法在非平稳环境中的性能进行评估，采用一阶自回归（Auto Regressive，AR）模型来模拟时变信道，则发送第 l 个数据时的信道响应矢量表示为

$$\boldsymbol{h}^{(l)} = \alpha \boldsymbol{h}^{(l-1)} + a^{(l)} \tag{6.12}$$

式中，α 控制信道变化的速度，其值越小，表示信道变化越快；$a^{(l)}$ 表示第 l 个数据时信道的噪声，服从均值为 0、方差为 $(1-\alpha^2)$ 的高斯分布[187]。接收端均衡器参数设置为 $\mu = 0.001$，$\lambda = 0.99$，$T_h = 5 \times 10^{-4}$。

图 6.8 给出了非平稳信道下联合 RLS-LMS 算法、RLS 算法和 LMS 算法的 BER 和 MSE 性能比较结果。从图 6.8(a)中的 MSE 性能对比上可以看出，LMS 算法的 MSE 性能最差，在此时变信道下不能达到收敛，因此 LMS 算法不能很好地跟踪时变信道。在稳定状态下，联合 RLS-LMS 算法、RLS 算法和 LMS 算法的 MSE 分别为 -13.8dB、-16dB 和 -7.8dB。联合 RLS-LMS 算法的稳态 MSE 性能优于 LMS 算法 6dB。这是因为一旦均衡器输出误差高于预定阈值，联合算法将采用 RLS 算法提高跟踪性能，从而性能优于 LMS 算法。另外，联合 RLS-LMS 算法的性能相对 RLS 算法损失 3dB，但是由于在一帧的 3000 个符号中，联合算法选用低复杂度的 LMS 算法 2900 次，因此联合 RLS-LMS 算法有更低的复杂度。

图 6.8(b)比较了 3 种算法在非平稳环境中的 BER 性能。从图中可以看出，由于 LMS 算法跟踪时变信道的能力不足，在 3 种算法中的 BER 最高。当 SNR 小于 10dB 时，RLS 算法和联合 RLS-LMS 算法的 BER 性能相近，而当 SNR 增加时，联合 RLS-LMS 算法的 BER 性能对比 RLS 算法有所损失。当 BER 为 10^{-5} 时，在信噪比上，RLS 算法优于联合 RLS-LMS 算法约 0.9dB。

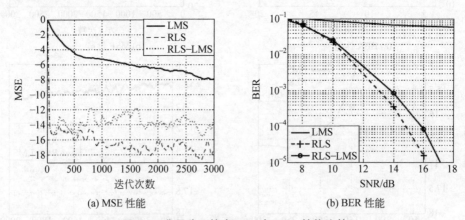

(a) MSE 性能　　　　　(b) BER 性能

图 6.8　非平稳环境中 MSE 与 BER 性能比较

6.5　本章小结

本章提出了基于加窗误差自相关估计的联合 RLS-LMS 均衡算法,该算法根据信道的时变性和均衡器的状态选择合适的算法。当信道缓慢变化且均衡器已达收敛时,联合 RLS-LMS 算法趋于选择 LMS 算法降低复杂度;而当信道快速变化或均衡器处于收敛状态时,联合 RLS-LMS 算法选择 RLS 算法提高跟踪信道的能力,改善均衡性能。因此,联合 RLS-LMS 算法可以更灵活地应用于慢变和快变信道。

第 7 章

基于软硬导频辅助的Turbo均衡

7.1 引言

Turbo 均衡在均衡器和信道解码器之间以迭代的方式传递消息,逐渐提高均衡性能。然而,水声信道的快速时变特性使得传统 Turbo 均衡算法在以下几方面不适用。

(1) 传统 Turbo 均衡技术在每次 Turbo 迭代时采用从帧开始到帧结束的顺序进行数据恢复,而由于帧开始时的信道响应与结束时有很大不同,这种顺序将导致相邻两次迭代时的信道响应不连续,因此需要重新跟踪,降低了均衡性能;

(2) 传统 Turbo 均衡技术在均衡后对整帧信号求平均信道方差,这使得相对于当前均衡符号时的真实信道误差较大,将降低符号解映射的性能。

为了提高 Turbo 均衡的信道跟踪能力,文献[189]在发送数据中周期性地插入导频符号,通过在每次迭代中重新估计信道来改善通信系统在平坦衰落信道中的性能。文献[188]将导频符号辅助的信道估计算法扩展到频率选择性衰落信道中。然而,这些在调制之后插入导频符号的方法并没有完全利用已知的导频信息,均衡性能提升有限。

本章提出基于软硬导频辅助的 Turbo 均衡器(Pilot-assisted Turbo Equalizer,P-TE),通过在信道编码之前插入已知的硬导频比特以及提取解码后可靠的软导频比特,最大限度地利用信息,以辅助接收端检测数据。为解决问题(1),P-TE 算法采用改变奇偶次迭代顺序的方式,即偶数次 Turbo 迭代从帧头到帧尾、奇数次 Turbo 迭代从帧尾到帧头,使相邻迭代的信道达到连续,从而均衡迭代过程中信道响应连续变化,便于均衡器跟踪。为解决问题(2),采用加窗时间平均估计的方式来提高信道特征估计的准确性。为了进一步提高 P-TE 跟踪时变水声信道的能力,提出了二阶 LMS 均衡算法,该算法基于 Gazor 的用于系统辨识的两步 LMS 算法[190]。另外,针对每次 Turbo 迭代内的符号迭代过程(内迭代)和不同 Turbo 迭代之间的过程(外迭代),提出了两种自适应步长因子调整算法以提高均衡器的收敛和稳定性能。

7.2 系统模型

7.2.1 发送端

发送端采用比特交织编码调制(Bit-Interleaved Coded Modulation,BICM)结构[191],如图 7.1 所示。首先在未编码的数据中插入导频比特共同组成信息序列 $\boldsymbol{b} = [b_1, b_2, \cdots,$

$b_{N_b}]^T$。假设导频比特在信息序列中的位置集合和导频数目分别为 B_p 和 N_p,则在经过码率为 R_c 的系统码编码后,导频比特在编码码字 $\boldsymbol{c}=[c_1,c_2,\cdots,c_{N_c}]^T$ 中的位置保持不变,其中 $N_c=N_b/R_c$。经过随机交织器 Π 后,导频比特在数据中的位置集合为 $\overline{B}_p=\Pi(B_p)$。对交织后的数据将每 Q 个比特映射为一个调制阶数为 $P=2^Q$ 的 PSK 或 QAM 符号,得到 $N_d=N_c/Q$ 个调制符号 $\boldsymbol{d}=[d_1,d_2,\cdots,d_{N_d}]^T$,其中,$d_i\in M,M=\{m_1,m_2,\cdots,m_P\}$ 为星座图上所有点的集合。

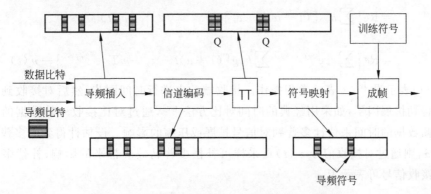

图 7.1 导频比特辅助的 Turbo 均衡器发送端框图

然后,在数据符号 $\boldsymbol{d}$ 的前面插入 N_t 个训练符号,得到传输序列 $\boldsymbol{s}=[s_1,s_2,\cdots,s_N]^T$,其中,$N=N_t+N_d$。最后,经过脉冲成型、上变频及数模变换后,载频为 f_c 的通带信号将发送到信道中,表示为

$$s(t)=\text{Re}\left\{\sum_{n=1}^N s_n f(t-nT)e^{j2\pi f_c t}\right\} \tag{7.1}$$

式中,$f(t)$ 为脉冲成型滤波器响应;$\text{Re}\{\cdot\}$ 表示取实部操作。

7.2.2 水声信道

水声信道中较长的延时扩展和多普勒效应是进行可靠水声通信的两个主要障碍,在设计接收算法时必须考虑其对发送信号的影响。携带信息的声波经过多条路径到达接收端,产生的信道响应可建模为

$$h(t,\tau)=\sum_{r=1}^{L_p} h_r(t)\delta(\tau-\tau_r(t)) \tag{7.2}$$

式中,$h_r(t)$ 和 $\tau_r(t)$ 分别表示 t 时刻时变信道增益和第 r 条径的延迟;$\delta(t)$ 为 Dirac δ 函数。由于水声信号本质上是一个宽带信号,因此,多普勒效应表现为信号的压缩或扩展[192-193]。对水声信道进行如下假设。

(1) 所有径的多普勒扩展因子 α 相同,即 $\tau_r(t)\approx\tau_r-\alpha_r t\approx\tau_r-\alpha t$,其中,$\tau_r$ 和 α_r 表示第 r 条径的初始延迟及多普勒扩展。令 v 表示发送端与接收端之间的相对运动速度,水中的声波速度为 c,则多普勒扩展因子可表示为 $\alpha=v/c$,其中一般取 $c=1500\text{m/s}$。

(2) 每条径的信道增益在一帧数据传输内保持不变,即 $h_r(t)=h_r$。

因此,信道冲激响应可表示为

$$h(t) = \sum_{r=1}^{L_p} h_r \delta(\tau - (\tau_r - \alpha t)) \tag{7.3}$$

7.2.3 接收端

接收到的受信道中多径效应、多普勒效应和噪声影响的信号可表示为

$$
\begin{aligned}
\widetilde{z}(t) &= h(t) * s(t) + \widetilde{n}(t) \\
&= \mathrm{Re}\Big\{\sum_{r=1}^{L_p} h_r s\big[(1+\alpha)t - \tau_r\big] \mathrm{e}^{\mathrm{j}2\pi f_c[(1+\alpha)t-\tau_r]}\Big\} + \widetilde{n}(t) \\
&= Re\Big\{\sum_{n=1}^{N} s_n \mathrm{e}^{\mathrm{j}2\pi f_c(1+\alpha)t} \sum_{r=1}^{L_p} h_r g\big[(1+\alpha)t - \tau_r - nT\big] \mathrm{e}^{-\mathrm{j}2\pi f_c\tau_r}\Big\} + \widetilde{n}(t)
\end{aligned}
\tag{7.4}
$$

式中,$\widetilde{n}(t)$表示噪声;$*$表示卷积操作。接收端首先进行时间同步,然后对接收到的数据估计多普勒扩展因子,如采用经典的时间对比方法[192],通过对比接收一帧数据的时间和发送一帧数据的时间来估计多普勒对信号扩展或压缩的影响。设估计得到的多普勒扩展因子为$\hat{\alpha}$,则通过对接收信号$\widetilde{z}(t)$重采样可补偿多普勒效应带来的影响,补偿多普勒扩展后的接收信号可表示为

$$\widetilde{y}(t) = \widetilde{z}\left(\frac{t}{1+\hat{\alpha}}\right) \tag{7.5}$$

然后,对$\widetilde{y}(t)$进行下变频操作,得到的基带信号可表示为

$$
\begin{aligned}
y(t) &= \widetilde{y}(t)\mathrm{e}^{-\mathrm{j}2\pi f_c t} \\
&= \sum_{n=1}^{N} s_n \sum_{r=1}^{L_p} h_r \mathrm{e}^{2\pi f_c(\epsilon t - \tau_r)} g\big[(1+\epsilon)t - \tau_r - nT\big] + n(t)
\end{aligned}
\tag{7.6}
$$

式中,$\epsilon = (1+\alpha)/(1+\hat{\alpha}) - 1$为多普勒扩展因子残差。然后,经过低通滤波器后,对基带信号进行采样得到接收信号的离散序列。根据 3.5.1 节的分析可知,分数间隔采样在未知时变信道下优于符号间隔的采样,因此对每个符号均匀抽取 F 个样本,得到离散接收序列 $\boldsymbol{y} = [y_1, y_2, \cdots, y_{\mathrm{FN}}]^{\mathrm{T}}$。最后,在导频比特的辅助下通过 Turbo 均衡算法检测发送的符号。

7.3 导频比特位置布放

P-TE 算法在信道编码之前插入已知的硬导频比特,利用这些已知数据辅助均衡器跟踪信道,并且辅助信道解码器,来最大限度地利用已知信息。然而,从 7.2.1 节可以看出,为了达到以上目的有两个难点需要解决。

(1) 由于导频比特在信道编码之前插入,而信道编码器可能随意改变导频比特,如卷积码、Turbo 码等,因而接收端的解码器不知道硬导频比特的位置。

(2) 交织器对导频位置随机排放,将导频比特分散到整个数据中。因此经过交织后,每 Q 个连续比特中可能含有导频比特和未知的数据比特,其中 $2Q$ 为调制阶数,因此,映射之后的符号是未知的,符号级别的均衡器将不能利用导频信息直接辅助信道跟踪。

为解决问题(1),P-TE 算法采用系统码编码算法。系统码是一种特殊的信道编码方

案,编码码字保留了全部的信息位及相对位置。因此,只要导频比特的位置确定,解码器能获取导频比特位置。另外,当采用线性分组码时,一帧数据中可能有编码块首先解码成功,这时为了提高均衡性能,将解码成功的编码块提取为软导频比特,在后续的迭代中将有更多的导频符号辅助均衡过程。

为解决问题(2),最大化调制符号中已知的导频符号数,P-TE 算法采用回溯的方式放置硬导频比特的位置,即先放置映射之后的导频符号位置,再通过交织、解码的逆过程得到导频比特的位置。

综上所述,P-TE 算法选择硬导频位置的具体步骤如下。

(1) 确定符号映射后的导频出现在整个符号序列 $\bm{d}$ 中的位置。

由于导频比特个数为 N_p,因此,符号映射后最多可获得的已知的符号个数为 $N_{ps}=\lceil N_p/Q \rceil$,这些符号在 $\bm{d}$ 中的位置记为 $\bar{S}_p=\{\bar{S}_p(1),\bar{S}_p(2),\cdots,\bar{S}_p(N_{ps})\}$。

(2) 由 $\bar{S}_p$ 反推到交织后的导频比特在数据中的位置。

由于符号映射将连续 Q 个比特调制为一个符号,因此,N_{ps} 个符号对应到交织后的导频比特位置集合可表示为 $\bar{B}_p^s=\{\bar{B}_p^s(1),\bar{B}_p^s(2),\cdots,\bar{B}_p^s(N_{ps}Q)\}$,其中,$\bar{B}_p^s(nQ+q)=\bar{S}_p(n)+q,n=0,1,\cdots,N_{ps}-1,q=1,2,\cdots,Q$。此外,从步骤(1)可知,除 N_{ps} 个导频符号外,导频比特中剩余的不能成一个符号的比特数目为 $N_{pu}=N_p-N_{ps}$,这些比特可以随意放置,假设其在交织后的数据中的位置为 $\bar{B}_p^u$,则总的 N_p 个导频比特在交织后的数据中的位置为

$$\bar{B}_p=\bar{B}_p^s \bigcup \bar{B}_p^u \tag{7.7}$$

(3) 通过反推得到编码后导频比特的位置,也是编码前导频比特的位置,即 $B_p=\Pi^{-1}(\bar{B}_p)$,其中,Π^{-1} 表示解交织过程。

7.4　导频辅助的 Turbo 均衡算法

本节将详细介绍 P-TE 算法,算法主要包括如下两部分。

(1) 导频辅助的线性 DFE 与 PLL 联合自适应均衡算法。其中,抽头系数更新采用二阶 LMS 算法及自适应步长选择算法。

(2) 导频辅助的信道解码算法。

本节选用系统码 LDPC 编解码作为示例。

图 7.2 给出了导频辅助的 Turbo 均衡器框图。首先,DFE 联合 PLL 进行符号检测,得到符号估计 $\hat{\bm{d}}=[\hat{d}_1,\hat{d}_1,\cdots,\hat{d}_{N_d}]^{\mathrm{T}}$。然后,通过解映射得到每个比特的 LLR 信息,可计算为

$$
\begin{aligned}
L_p(\hat{c}_n^q) &= \ln \frac{P(\hat{c}_n^q=0 \mid \bm{y})}{P(\hat{c}_n^q=1 \mid \bm{y})} \\
&= \ln \frac{\displaystyle\sum_{\hat{c}:\hat{c}_n^q=0} P(\bm{y} \mid \hat{c}_n^q) \prod_{n'=0}^{N-1} \prod_{q'=1}^{Q} P(\hat{c}_n^{q'})}{\displaystyle\sum_{\hat{c}:\hat{c}_n^q=1} P(\bm{y} \mid \hat{c}_n^q) \prod_{n'=0}^{N-1} \prod_{q'=1}^{Q} P(\hat{c}_n^{q'})}
\end{aligned}
$$

$$= \ln \frac{P(\hat{c}_n^q = 0)}{P(\hat{c}_n^q = 1)} + \ln \frac{\sum\limits_{\hat{c} \hat{c}_n^q = 0} P(\boldsymbol{y} \mid \hat{\boldsymbol{c}}_n^q) \prod\limits_{n'=0; n' \neq n}^{N-1} \prod\limits_{q'=1}^{Q} P(\hat{c}_n^{q'})}{\sum\limits_{\hat{c} \hat{c}_n^q = 1} P(\boldsymbol{y} \mid \hat{\boldsymbol{c}}_n^q) \prod\limits_{n'=0; n' \neq n}^{N-1} \prod\limits_{q'=1}^{Q} P(\hat{c}_n^{q'})} \tag{7.8}$$

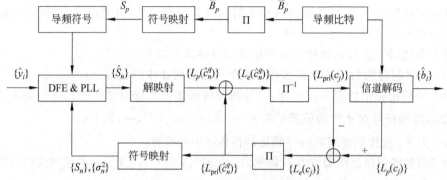

图 7.2   导频辅助的 Turbo 均衡器框图

其中,第一项为先验 LLR $L_{\text{pri}}(\hat{c}_n^q)$,表示可获得的关于 $\hat{c}_n^q$ 的先验信息,即

$$L_{\text{pri}}(\hat{c}_n^q) = \ln \frac{P(\hat{c}_n^q = 0)}{P(\hat{c}_n^q = 1)} \tag{7.9}$$

第二项为外部 LLR $L_e(\hat{c}_n^q)$,表示 $\boldsymbol{y}$ 中包含的关于 $\hat{c}_n^q$ 的信息,可计算为

$$L_e(\hat{c}_n^q) = L_p(\hat{c}_n^q) - L_{\text{pri}}(\hat{c}_n^q) \tag{7.10}$$

式中,$\hat{c}_n^q$ 为第 n 个符号的第 q 个比特的估计。

外部 LLR 信息 $L_e(\hat{c}_n^q)$ 经过解交织后,作为先验 LLR 信息传递给信道解码器,表示为

$$L_{\text{pri}}(c_j) = \Pi^{-1}(L_{\text{pri}}(\hat{c}_n^q)) \tag{7.11}$$

式中,$j = nQ + q$;$n = 0, 1, \cdots, N-1$;$q = 1, 2, \cdots, Q$。解码器输出每个比特的条件 LLR 信息 $L_p(c_j)$。经过重新映射及交织后,符号估计的均值 $\bar{s}$ 及方差 σ^2 反馈回均衡器,开始下一次 Turbo 迭代过程,直至解码无误或达到最大外迭代次数。

7.4.1   导频辅助的自适应均衡算法

导频辅助的自适应均衡算法结合 DFE 和 PLL 跟踪信道并进行残余的相位偏移估计与补偿。令第 n 个符号的均衡器观测矢量 $\boldsymbol{y}_n = [y_{Fn-K_b}, \cdots, y_{Fn+K_f}]^{\text{T}}$,其中,$K_b$ 和 K_f 分别为前向滤波器的前向和后向抽头长度,则第 n 个符号 s_n 的估计可计算为

$$\hat{s}_n = \boldsymbol{w}_n^{\text{H}} \boldsymbol{y}_n e^{-j\hat{\theta}_n} + \boldsymbol{v}_n^{\text{H}} \bar{\boldsymbol{x}}_n \tag{7.12}$$

式中,$\bar{\boldsymbol{x}}_n = [\bar{s}_{n-F_b}, \cdots, \bar{s}_{n-1}, \bar{s}_{n+1}, \cdots, \bar{s}_{n+F_f}]^{\text{T}}$ 为反馈均衡器的输入矢量,$\bar{s}_k$ 为第 k 个符号估计的均值,对训练序列和导频符号来说是已知的,F_b 和 F_f 分别为反馈滤波器的前向和后向抽头长度;$\hat{\theta}_n$ 为二阶 PLL 估计的第 n 个符号的相位偏移;$\boldsymbol{w}_n$ 和 $\boldsymbol{v}_n$ 分别表示长

度为(K_b+K_f+1)的前向滤波器和长度为(F_b+F_f)的反馈滤波器的系数矢量。

为了降低算法复杂度,采用线性 LMS 算法自适应更新抽头系数。然而,由于水声信道是快速时变且非平稳的,传统一阶 LMS 算法不能很好地跟踪信道变化,为此引入了二阶 LMS 更新算法。该算法基于 Gazor 在系统辨识领域的工作[190],Gazor 提出采用两步 LMS 算法能够抵抗由滞后噪声引起的失调,从而降低输出 MSE,提高均衡器的辨识性能。因此,为了提高算法跟踪信道的能力,本节将二阶 LMS 更新算法引入时变水声信道中。

LMS 更新算法由估计误差$e_n=\widetilde{s}_n-\hat{s}_n$驱动,其中,$\widetilde{s}_n$计算为

$$\widetilde{s}_n=\begin{cases}s_n, & n<N_t \text{ 或}(n-N_t)\in\bar{S}_p\\D[\hat{s}_n], & \text{第一代迭代时的其他符号}\\D[\bar{s}_n], & \text{其他}\end{cases} \tag{7.13}$$

式中,$D[\cdot]$表示将输入硬判决为星座图中最近的点。另外,除第一次迭代外,我们采用之前迭代中得到的符号估计的硬判决,而不是当前迭代过程中的符号估计作为反馈滤波器的输入,这样能够减少误差传播现象的发生,并且随着迭代次数的增加自适应均衡算法收敛到最优系数的概率也增加。

LMS 均衡器的系数通过最小化 MSE $E[|e_n|^2]$进行更新,对$E[|e_n|^2]$分别以w_n、v_n和$\hat{\theta}_n$为未知量求偏导数,并根据随机梯度估计可得到一阶导数分别为

$$w_n=e_n^*y_ne^{-j\hat{\theta}_n} \tag{7.14}$$

$$v_n=e_n^*\bar{x}_n \tag{7.15}$$

$$\theta_n=\mathrm{Im}\{e_n^*w_n^Hy_ne^{-j\hat{\theta}_n}\} \tag{7.16}$$

从而,二阶 LMS 更新算法可通过在标准 LMS 更新算法上加入加权一阶导数,表示为

$$\begin{bmatrix}w_{n+1}\\v_{n+1}\\\hat{\theta}_{n+1}\end{bmatrix}=\begin{bmatrix}w_n\\v_n\\\hat{\theta}_n\end{bmatrix}+\begin{bmatrix}\mu_1w_n\\\mu_1v_n\\k_1\theta_n\end{bmatrix}+\sum_{i=1}^{n-1}\begin{bmatrix}\mu_2w_i\\\mu_2v_i\\k_2\theta_i\end{bmatrix} \tag{7.17}$$

式中,$0\leqslant\mu_1<1$为一阶步长因子,控制均衡器的收敛和稳定性能;$\mu_2=v\mu_1$为二阶步长因子,$0\leqslant v<1$控制算法跟踪信道的能力;$0\leqslant k_1,k_2<1$分别为分数和整数相位跟踪常数。另外,如果$v=0$,则二阶 LMS 算法退化为一阶 LMS 算法。

式(7.17)可以用递归的形式获得,表示为

$$\begin{bmatrix}u_n\\t_n\\\hat{\beta}_n\end{bmatrix}=\begin{bmatrix}u_{n-1}\\t_{n-1}\\\hat{\beta}_{n-1}\end{bmatrix}+\begin{bmatrix}w_{n-1}\\v_{n-1}\\\theta_{n-1}\end{bmatrix},\begin{bmatrix}u_0\\t_0\\\hat{\beta}_0\end{bmatrix}=\begin{bmatrix}0\\0\\0\end{bmatrix} \tag{7.18}$$

从而,二阶 LMS 算法的系数更新过程可简化为

$$\begin{bmatrix}w_{n+1}\\v_{n+1}\\\hat{\theta}_{n+1}\end{bmatrix}=\begin{bmatrix}w_n\\v_n\\\hat{\theta}_n\end{bmatrix}+\begin{bmatrix}\mu_1w_n\\\mu_1v_n\\k_1\theta_n\end{bmatrix}+\begin{bmatrix}\mu_2u_n\\\mu_2t_n\\k_2\hat{\beta}_n\end{bmatrix} \tag{7.19}$$

将式(7.18)、式(7.19)与传统 LMS 算法相比可知,二阶 LMS 算法的计算量大约为传统算法的两倍,但是仍然保持线性复杂度。

传统 Turbo 均衡器每次迭代时采用从帧头到帧尾的顺序处理方式[44]。然而在水声时变信道中,信道响应在传输过程中不断变化,帧开始时的信道响应与结束时有很大不同,这种顺序迭代方式将导致相邻两次迭代时的信道响应不连续,因此每次外迭代时需要重新跟踪信道,降低了均衡器的性能。为了解决这一问题,P-TE 算法采用来回扫描的处理顺序处理相邻两次 Turbo 迭代过程。在偶数次 Turbo 迭代时从帧头到帧尾处理数据,而在奇数次 Turbo 迭代时从帧尾到帧头处理数据,从而使得相邻迭代的信道是连续的,每次迭代后收敛的均衡器系数可以更好地在下一次 Turbo 迭代中使用。

7.4.2　基于加窗时间平均的解映射算法

在信道解码前,需要将均衡输出的符号解映射为比特。首先去除前 N_t 个训练符号,得到信息符号估计为 $\hat{\boldsymbol{d}}=[\hat{d}_1,\hat{d}_2,\cdots,\hat{d}_{N_d}]^T$,其中 $\hat{d}_n=\hat{s}_{N_t+n}$,$n=1,2,\cdots,N_d$。对每个信息符号估计 $\hat{d}_n$,所包含的 Q 个比特的后验 LLR 信息 $L_p(\hat{c}_n^q)$ 可表示为

$$L_p(\hat{c}_n^q)=\ln\frac{P(\hat{d}_n\mid c_n^q=0)}{p(\hat{d}_n\mid c_n^q=1)}$$

$$=\begin{cases}+\infty\times(1-2c_n^q), & \text{当}\ n\in\bar{S}_p\\[4mm]\ln\dfrac{\displaystyle\sum_{\{d\,;d\in M_n^q(0)\}}\exp\left(-\dfrac{\mid\hat{d}_n-\bar{G}_ns\mid^2}{\sigma_{G_n}^2}\right)}{\displaystyle\sum_{\{d\,;d\in M_n^q(1)\}}\exp\left(-\dfrac{\mid\hat{d}_n-\bar{G}_ns\mid^2}{\sigma_{G_n}^2}\right)}, & \text{其他}\end{cases} \tag{7.20}$$

式中,$M_n^q(m)$ 表示 M 中满足 n 个符号的第 q 个比特为 m 的符号集合,$m=0$ 或 1;$\bar{G}_n$ 表示来自信道、滤波器和均衡器的联合增益;$\sigma_{G_n}^2$ 表示残差干扰的方差,可通过瞬时增益的时间平均获得。

传统方式通常对整帧数据增益进行平均得到 $\bar{G}_n$ 和 $\sigma_{G_n}^2$。然而,当信道在一帧内有明显变化时,这种方法进行增益估计时将产生较大浮动,因此,不能得到当前时刻准确的增益估计。为此,提出一种加窗时间平均估计方法获得 $\bar{G}_n$ 和 $\sigma_{G_n}^2$。首先,根据式(7.12)可知,均衡器收敛后的输出可表示为

$$\hat{s}_n=\bar{G}_ns_n+\xi_n \tag{7.21}$$

式中,ξ_n 为来自信道与均衡器的噪声。假设水声信道在 N_w 个符号间隔内保持近似不变,则信道增益 $\bar{G}_n$ 和 $\sigma_{G_n}^2$ 可分别计算为

$$\bar{G}_n=\frac{1}{N_w}\sum_{i=n-N_w+1}^{n}\frac{\hat{s}_i}{D[\hat{s}_i]} \tag{7.22}$$

$$\sigma_{G_n}^2=\frac{1}{N_w}\sum_{i=n-N_w+1}^{n}\mid\hat{s}_i-\bar{G}_nD[\hat{s}_i]\mid^2 \tag{7.23}$$

另外, N_w 的选择将影响信道增益估计的质量, 当信道近似平稳时, N_w 应取较大的值提高估计的准确性, 而当信道非平稳时, 则应该降低 N_w 的值。

在解交织后, 外部 LLR 信息作为先验信息 $L_{pri}(c_j)$ 送到信道解码器进行导频辅助的 LDPC 解码。

7.4.3　导频辅助的 LDPC 解码算法

LDPC 解码器对数域和积解码算法获得比特估计。算法在变量节点和校验节点之间以迭代的方式传递消息, 从而逐渐校正错误的比特。然而, 当没有完全补偿信号失真时, 在信息传递的过程中可能引入误差传播, 降低了解码性能。而 P-TE 算法在 LDPC 码中加入了已知的导频, 能够提供无限高的可靠性, 因此可以阻止节点之间错误信息的传播, 从而得到更好的解码性能。

导频辅助的 LDPC 解码算法与 3.5.4 节算法类似。由于解码前位置为 B_p 的数据是已知的, 因此, 导频辅助的 LDPC 解码算法需要对与这些位置相关的公式进行修改。当 $i \in B_p$ 时, LLR 信息初始化为

$$
\begin{aligned}
L_{pri}(c_i) &= \ln \frac{P(c_i = 0 \mid \hat{d})}{P(c_i = 1 \mid \hat{d})} = \ln \frac{P(c_i = 0)}{P(c_i = 1)} \\
&= +\infty \times (1 - 2_i^c)
\end{aligned}
\tag{7.24}
$$

当 i 为其他值时, LLR 信息初始化采用式(7.11)获得。同时, 每个变量节点传向其相邻的校验节点的信息初始化如式(3.71)所示。

初始化后, 解码器在变量节点和校验节点之间迭代地传递 LLR 信息。由于导频比特与未知比特的可靠性不同, 因此变量节点更新时需要单独考虑导频比特, 计算为

$$
L(g_{ij}) = \begin{cases} +\infty \times (1 - 2c_i), & i \in B_p \\ L_{pri}(c_i) + \sum_{j' \in M(i) \setminus j} L(h_{j'i}), & \text{其他} \end{cases}
\tag{7.25}
$$

之后, 每个变量节点的后验 LLR 信息的计算方法如式(3.74)所示。经过比特硬判决后, 判断是否解码成功。如果解码成功, 则退出 Turbo 迭代过程, 输出估计的比特, 否则继续进行 Turbo 迭代。

另外, 导频辅助的解码算法可以扩展到其他编码方式。例如, 对采用 BCJR 解码算法的卷积码, 当候选路径中存在导频时, 可通过去除不可能的路径, 仅保留导频存在的候选路径来改善解码性能。图 7.3 给出了 (2, 1, 2) 卷积码编码器状态图及解码示意图。其中, 图 7.3(a) 为输入 1 比特, 输出 2 比特, 移存器个数为 2 的卷积码编码器状态图, 实线表明比特 0 输入时的状态转移, 虚线表示比特 1 输入时的状态转移。s_0, s_1, s_2, s_3 表示编码器可能的 4 种状态, 根据图 7.3(a) 可计算出卷积解码过程中的两条候选路径如图 7.3(b) 所示, 这两条路径分别输出 0101 和 1111, 而若第三个比特是值为 0 的导频, 则第二条路径可以去除, 从而得到更可靠的候选路径。

7.4.4　符号映射算法

在 Turbo 均衡器迭代过程中, LDPC 解码器输出的后验 LLR 信息在重新交织后, 基

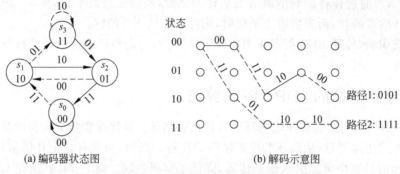

(a) 编码器状态图　　　　　　　　(b) 解码示意图

图 7.3　$(2,1,2)$ 卷积码编码器状态图及解码示意图

于交织后的似然信息 $L_{pri}(\hat{c}_n^q)$ 进行符号映射,估计出符号均值 $\bar{s}_n$ 与方差 σ_n^2,用作 DFE 的反馈均衡器输入。

对于训练序列及导频位置上的符号,有 $\bar{s}_n=s_n,\sigma_n^2=0$;对于其他数据位置上的符号,$\bar{s}_n$ 和 σ_n^2 分别计算为

$$\bar{s}_n=\sum_{s\in M}sP(s_n=s)=\sum_{s\in M}s\prod_{q=1}^{Q}P(\hat{c}_n^q=c_n^q)$$

$$=\sum_{s\in M}s\prod_{q=1}^{Q}\frac{1}{2}\left(1+(1-2c_n^q)\tanh\left(\frac{L_{pri}(\hat{c}_n^q)}{2}\right)\right) \tag{7.26}$$

$$\sigma_n^2=\sum_{s\in M}|s|^2P(s_n=s)-|\bar{s}_n|^2$$

$$=\sum_{s\in M}|s|^2\prod_{q=1}^{Q}P(\hat{c}_n^q=c_n^q)-|\bar{s}_n|^2$$

$$=\sum_{s\in M}|s|^2\prod_{q=1}^{Q}\frac{1}{2}\left(1+(1-2c_n^q)\tanh\left(\frac{L_{pri}(\hat{c}_n^q)}{2}\right)\right)-|\bar{s}_n|^2 \tag{7.27}$$

特别地,对于 BPSK 调制方式,按照熵式计算 $\bar{s}_n$ 和 σ_n^2 可表示为

$$\bar{s}_n=\tanh\left(\frac{L_{pri}(\hat{c}_n^1)}{2}\right) \tag{7.28}$$

$$\sigma_n^2=1-|\bar{s}_n|^2 \tag{7.29}$$

对于采用 Gray 映射的 QPSK 调制方式,式(7.26)和式(7.27)可简化为

$$\bar{s}_n=\frac{1}{\sqrt{2}}\left(\tanh\left(\frac{L_{pri}(\hat{c}_n^2)}{2}\right)+j\tanh\left(\frac{L_{pri}(\hat{c}_n^1)}{2}\right)\right) \tag{7.30}$$

$$\sigma_n^2=1-|\bar{s}_n|^2 \tag{7.31}$$

7.5　自适应步长调整算法

为了提高均衡器的收敛速度和稳态性能,步长因子需跟随信道变化而进行调整。本节讨论 Turbo 外迭代和 Turbo 内迭代均衡算法中的步长因子的自适应调整算法。

对于外迭代过程中的步长因子,在 Turbo 迭代开始时,采用较大的步长因子可以适应发送信号的不确定性。而随着 Turbo 迭代次数的增加,符号估计将越来越可靠,将减小步长因子辅助算法收敛。因此,P-TE 算法在 Turbo 外迭代开始时选择稍大的步长因子 μ_1 和 μ_2,在每次外迭代后,减小 μ_1 和 μ_2。令 $0 < \rho_1, \rho_2 < 1$ 分别表示式(7.19)中步长因子 μ_1 和 μ_2 的降低速度,则在每次 Turbo 迭代后,步长因子可调整为

$$\mu_1 = \rho_1 \mu_1 \tag{7.32}$$

$$\mu_2 = \rho_2 \mu_2 = \rho_2 v \mu_1 \tag{7.33}$$

对于内迭代过程中的步长因子,基于以上准则,即大的步长因子提高收敛速度、小的步长因子增加稳定性。在内迭代开始时采用大的步长因子,而在达到收敛后减小步长因子,从而提高均衡的收敛和稳态性能。采用鲁棒的 MVSS(Modified Variable Step Size)算法调整步长[194]。MVSS 算法采用 3 个参数($\alpha_a, \beta_a, \gamma_a$)来辅助调整步长因子,调整算法可表示为

$$z_n = \beta_a z_{n-1} + (1 - \beta_a) e_n e_{n-1}^* \tag{7.34}$$

$$\mu_1^{n+1} = \alpha_a \mu_1^n + \gamma_a z_n^2 \tag{7.35}$$

$$\mu_2^{n+1} = \rho_2 \mu^{n+1} 1 \tag{7.36}$$

式中,$\mu_1^0 = \mu_1$,μ_1^{n+1} 和 μ_2^{n+1} 分别表示第 $n+1$ 个符号时的一阶步长因子和二阶步长因子;$0 < \alpha_a < 1$ 控制步长因子变化的速度;$\gamma_a > 0$ 控制算法的收敛时间和失调程度;$\beta_a(0 < \beta_a < 1)$ 是一个指数加权项,控制算法在时变信道中的估计质量。当处于平稳环境中,$\beta_a \approx 1$,而当处于非平稳环境中时,应减小 β_a 以提高跟踪信道能力。然而,太小的 β_a 会导致失调误差增加,即 MSE 提高,因此应在 MSE 与信道跟踪性能之间取平衡。此外,设置最大步长因子 $\mu_1^{\max}$ 和最小步长因子 $\mu_1^{\min}$,将步长因子限制在两者之间,即

$$\mu_1^{n+1} = \begin{cases} \mu_1^{\max}, & \mu_1^{n+1} > \mu_1^{\max} \\ \mu_1^{\min}, & \mu_1^{n+1} < \mu_1^{\min} \\ \mu_1^{n+1}, & \text{其他} \end{cases} \tag{7.37}$$

式中,$0 < \mu_1^{\min} < \mu_1^{\max}$。$\mu_1^{\min}$ 应选择为保证均衡器最小跟踪能力的值,接近固定步长因子算法的取值。$\mu_1^{\max}$ 不能超过使得均衡器收敛的最大值,根据文献[195]可知,$\mu_1^{\max}$ 的取值应满足

$$\mu_1^{\max} \leqslant \frac{2}{3\mathrm{tr}(\boldsymbol{R})} \tag{7.38}$$

式中,$\boldsymbol{R}$ 为输入数据的协方差矩阵。另外,根据式(7.36)可知,对 μ_1^{n+1} 限制最大值和最小值,则 μ_2^{n+1} 也自动受限。

综上所述,自适应步长因子调整算法可表述为:首先将步长因子初始化为 μ_1 和 μ_2,在相邻的 Turbo 外迭代过程中,采用 ρ_1 和 ρ_2 降低步长,同时在内迭代中,根据均衡性能采用 MVSS 算法调整步长,以达到最优的跟踪和收敛性能。另外在迭代过程中,加入所允许的步长因子最大值和最小值,使得步长因子不会过分增大或减小。

7.6　基于无误码字提高均衡性能算法

对于线性分组码,不同编码块内的码字是相互独立的。当一帧中存在多个编码块时,不同的编码块内的码字可能在不同的 Turbo 迭代次数内成功解码。因此,如果提取已成

功解码的码字作为导频,将能为均衡器提供更多可靠的导频数据,从而改善 Turbo 均衡的性能。另外,通过提取无误码字辅助均衡过程有助于减少均衡次数,降低复杂度。

为了正确提取无误码字并辅助均衡过程,算法需要解决以下两个问题。

(1) 每次外迭代完成后,如何以最小的代价判断一个码块内的数据解码成功;

(2) 由于随机交织器将不同的编码块混合在一起,相邻的 Q 个比特可能既包含提取的无误编码块的比特,也包含未能正确解码的比特。因此,提取的无误编码块将不能完全映射为已知的符号。

对于问题(1),在无线标准中,通常采用循环冗余校验(Cyclic Redundancy Check,CRC)来检测数据的正确性,如 IEEE 802.11 等。然而,在每个编码块加入 CRC 数据的方法将降低有效的数据速率。本书算法利用编码码字与校验矩阵互为 0 空间的关系,在迭代完成后,对每个编码块判断 $\boldsymbol{H}\hat{\boldsymbol{c}} = \boldsymbol{0}$ 是否成立。如果成立,则表明该编码块已经成功解码,从而可以提取为导频数据。由于这种方法没有加入任何数据,因此不会降低有效数据率。

对于问题(2),为了保证解码成功的码字在交织后能映射为已知的符号,在交织阶段采用分块交织的方法,即对每个码块内的比特独立进行交织。这样,对所有编码块随机交织后,每块码字仍能保持连续,从而可获得最大数目的已知符号以辅助均衡过程。

在之后的 Turbo 迭代中,提取出的无误编码块可以辅助提高信道跟踪性能,并且无须进行解码,因此降低了 Turbo 均衡的复杂度。

7.7   性能分析

本节对提出的导频比特辅助的线性 Turbo 均衡(P-TE)算法的性能进行评估。数据来自在渤海进行的试验。发送端与接收端之间的距离约为 1km,均位于水下约 10m 处。

7.7.1   系统描述

试验中的水声通信系统采用 QPSK 调制及随机 LDPC 编码。载波频率为 $f_c = 24\text{kHz}$,带宽为 $B = 8\text{kHz}$,收发端均采用滚降因子为 $\lambda = 0.2$ 的平方根成型滤波器。训练比特长度为 $N_t = 64$,未编码的比特数目为 $N_b = 288$,其中,$\eta = 0, 2\%, 5\%$ 及 10% 的未编码比特用作导频比特,即 $N_p = N_b\eta$。为进行算法评估,对码率为 $R_c = 1/2, 1/3$ 和 $2/3$ 分别进行试验,每种码率下发送 512 帧数据。因此,通信系统的有效数据率可计算为

$$R_b = \frac{N_b(1-\eta)}{N_t + N_b/R_c} \frac{B}{1+\lambda} Q \tag{7.39}$$

另外,选用 $F = 2$ 的分数间隔采样,即每个符号采 2 个样本。设定最大允许的 Turbo 迭代次数和 LDPC 解码迭代次数分别为 20 和 10。

7.7.2   均衡参数选择

均衡器参数与信道特征有着密切的关系。基于对水声信道的分析,均衡器参数设置如下:初始步长因子选择为 $\mu_1 = 0.006$ 和 $v = 0.1$,即 $\mu_2 = 0.0006$。对自适应步长调整算

法的参数选择为 $\rho_1=0.9$ 及 $\rho_2=0.7$。MVSS 算法的参数 $(\alpha_a,\beta_a,\gamma_a)$ 选择为 $(0.97,0.4,0.004)$。分数和整数相位跟踪常数 k_1 和 k_2 分别设置为 0.01 和 0.001。信道质量较差时，均衡器阶数 (K_b,K_f,F_b,F_f) 设置为 $(18,18,10,10)$。信道质量较好时，均衡器阶数设置为 $(8,8,1,1)$。

7.7.3　自适应步长调整的二阶 LMS 算法性能

首先，对 P-TE 算法中的自适应步长调整的二阶 LMS 算法进行评估，该算法采用自适应步长调整算法、来回扫描的处理方式来提高传统 Turbo 均衡算法的性能，称为 EC-TE(Enhanced Conventional Turbo Equalization)。将 EC-TE 与传统 TE(Conventional Turbo Equalization, C-TE)算法进行对比。

图 7.4 给出了两种算法的 FER 和 BER 的性能对比。从图中可以看出，相对于 C-TE 算法，EC-TE 算法有明显的性能改善。当发送码率为 1/2 的数据时，两次迭代后 EC-TE 能成功恢复约 70% 的数据包，而 C-TE 算法需要 12 次迭代，因此，EC-TE 算法所需的迭代次数减少，从而显著降低了复杂度。在 15 次迭代后，EC-TE 的 FER 和 BER 对比 C-TE 分别降低了约 4 倍和 10 倍。在 20 次迭代后，EC-TE 算法成功恢复的数据包比 C-TE 算法多 20%。当发送的数据包码率为 1/3 时，信道质量情况好转，此时 EC-TE 算法在 3 次迭代后成功恢复的数据包超过了 C-TE 算法 20 次迭代后的结果，且 FER 和 BER 分别有约 2 倍和 20 倍的降低。对于信道质量最好时的 2/3 码率的数据包，EC-TE 在 8 次迭代后能够成功恢复所有接收包(FER 不等于 0 的原因是有 7 包数据接收端没有检测到)。

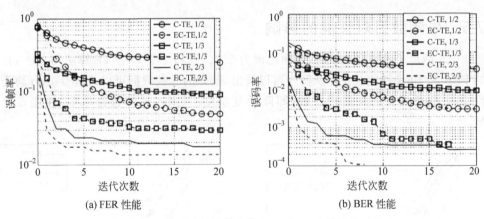

图 7.4　EC-TE 和 C-TE 算法的 FER 和 BER 的性能对比

值得注意的是，虽然从图 7.4 的直观结果来看，码率为 2/3 时通信系统的性能最优，但是这不能表明采用 2/3 码率的码的性能优于其他码率。这是因为在发送不同码率的数据包时，信道的质量发生了剧烈的变化。而当信道环境相同时，由于低码率的码有更多的冗余信息提高通信的可靠性，因此码率最低性能也好，即 1/3 码率的码将有最优的性能。

7.7.4　收敛性能

为评估 P-TE 算法在迭代过程中的收敛性能，本节对比了不同信噪比下和迭代次数下算法的 BER 性能,其中 P-TE 算法的编码码率为 2/3,导频比特的比例为 5%,不同的信噪比下的数据通过在接收到的信号上叠加噪声获得。

图 7.5 给出了 P-TE 算法和 EC-TE 算法的 BER 性能的对比结果,可以看出,P-TE 算法的收敛速度更快。另外,P-TE 算法在两次迭代后的 BER 性能与 EC-TE 算法在 20 次迭代后的性能接近。当 BER 为 10^{-3} 时,相比较 EC-TE 算法,P-TE 算法能获得约 1.5dB的信噪比增益。

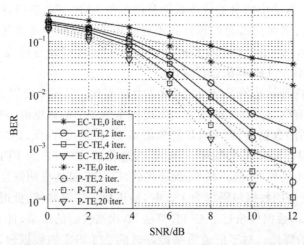

图 7.5　P-TE 算法与 EC-TE 算法的 BER 的性能对比

7.7.5　导频数目对性能的影响

图 7.6 给出了码率为 1/2 时,导频比例为 2%、5% 和 10% 时 P-TE 算法与 EC-TE 算法的 FER 和 BER 性能对比。从图中可以看出,已知的导频数据可以改善 Turbo 均衡器的性能,并降低需要的外迭代次数,即降低复杂度。另外,导频数目越多,性能改善越明显。

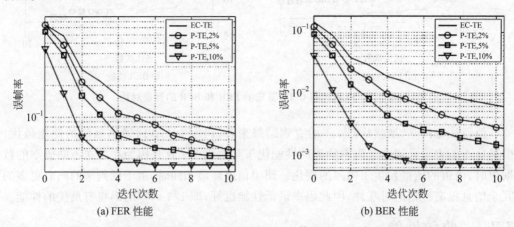

图 7.6　码率为 1/2 时,不同导频比例下 P-TE 算法的 FER 和 BER 性能对比

从图 7.6 可知,导频比例为 2%、5% 和 10% 的 P-TE 算法分别在 5、4 和 2 次迭代之后成功恢复 90% 的包,而 EC-TE 算法(即导频比例为 0 的 P-TE 算法)达到同样性能时需要 7 次迭代。因此,导频比例越高,P-TE 算法所需的 Turbo 外迭代次数越少,从而均衡复杂度更低,2%、5% 和 10% 导频比例下的复杂度分别降低了 29%、43% 和 71%。另外,在 20 次 Turbo 外迭代后,3 种导频比例下的 P-TE 算法的成功接收包数分别比 EC-TE 算法多 5、6、7 包,并且在 11、8、4 次迭代后的 FER 性能和 6、4、3 次迭代后的 BER 性能分别优于 EC-TE 算法 20 次迭代后的 FER 和 BER 性能。需要注意的是,虽然图 7.6 的对比结果表明通过增加导频可以获得更好的均衡性能,然而,导频数目的增加会降低系统的有效数据速率。

7.7.6　吞吐量性能

虽然增加导频比例将降低数据速率,然而从通信系统整体数据率上来看,加入一定的导频有可能获得更高的系统平均吞吐量。平均吞吐量 T 定义为成功接收包的比例与有效数据速率的乘积,即 $T = R_b r$,r 为成功接收包的数目与发送包的总数目之比。

图 7.7 是码率为 1/2,信噪比为 10dB,导频比例分别为 0、2%、5%、10% 和 15% 时 P-TE 算法的平均吞吐量性能。从图中可知,虽然导频比例越高,有效数据率越低,但是由于导频可以提高均衡器性能,从而增加成功接收包的比例,因此加入从 0~10% 比例的导频时,P-TE 算法的平均吞吐量高于 EC-TE 算法。导频比例为 2%、5% 和 10% 时,P-TE 算法分别能成功接收 82%、88% 和 94% 的数据包,而 EC-TE 算法成功接收包的比例为 74%,因此,虽然导频比例为 2%、5% 和 10% 时数据率分别为 5.88kb/s、5.7kb/s 和 5.4kb/s,而不加导频时,系统的数据率为 6kb/s。然而,在实际信道中,由于不加导频时接收到的数据不能完全正确检测,因此,平均吞吐量不能达到理论的数据率,即平均吞吐量小于 6kb/s。另一方面,当加入的导频比例较多,而成功检测的数据包数目的增加不足以补偿数据率造成的损失时,平均吞吐量将会降低,如图 7.7 所示。当导频比例为 15% 时,其得到的平均吞吐量低于导频比例为 10% 时的平均吞吐量。

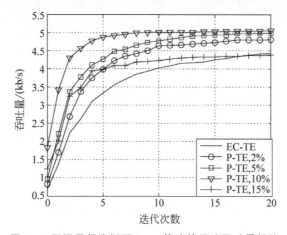

图 7.7　不同导频比例下 P-TE 算法的平均吞吐量性能

从以上分析可知,存在一个最优的导频比例,采用 P-TE 算法得到最高的平均吞吐量。然而,由于不存在准确的模型模拟水声信道,因此最优导频比例的数学推导是一个较大的难点。在实际应用中,可通过训练的方法得到适合实时水声信道变化的最优导频比例,具体方法为:在传输过程中从一个小的导频比例开始逐渐增加,得到的最大平均吞吐量时对应的导频比例即为最优的导频比例。然而,由于水声信道的快速时变性,需要对最优导频比例进行周期性更新。

7.8　本章小结

针对采用固定的步长的均衡器收敛速度慢,且当信道变化时可能导致均衡器发散的问题,本章提出了软硬导频比特辅助的 Turbo 均衡(P-TE)算法。不同于已有文献在符号调制后插入已知的符号用于辅助信道估计,P-TE 算法在信道编码前插入导频比特,以辅助均衡和解码过程,降低误差传播,最大可能地利用了已知的数据。为了提高均衡器在水声时变信道中的性能,P-TE 算法加入了二阶 LMS 算法、自适应步长因子调整算法和来回扫描数据处理方法。试验结果表明,P-TE 算法显著提高了均衡性能,降低了需要的迭代次数。另外,虽然加入的导频降低了有效数据率,但是由于 P-TE 算法能成功恢复更多的数据包,因此,存在一个最优的导频比例使平均吞吐量最大。

第 8 章
基于阈值的判决反馈均衡

8.1 引言

DSSS 调制技术将数据扩展到更宽的频带上,具有抗多径、抗噪声、低截获率等优点。随着扩频因子增加,DSSS 系统获得的处理增益也增加。DSSS 通信系统的最大难点是如何设计低复杂度且能跟踪时变信道的接收算法。

当前,接收算法大多基于被动相位共轭[47,196]、时间反转[197]、多径合并等,其中较为典型的一种是均衡技术,它在快速时变信道中有最好的跟踪能力[198]。RAKE 接收算法通过与 PN 信号副本相关来检测数据[199-200],实现较为简单。但是 RAKE 接收机本质上是一个线性均衡器,当水声信道的频谱中含有零点时,性能将显著降低。

文献[201]将 DFE 结构应用于 DSSS 信号检测,其中前向滤波器系数以码片速率更新,而反馈滤波器系数以符号速率更新。文献[48]提出了一种假设反馈(Hypothesis-Feedback)接收机,能用于快速时变的水声信道。通过对所有可能的假设进行穷举,选择均方误差最小的符号输出,有码片级的分辨率。文献[202]对 RAKE 和假设反馈接收机[48]在水声信道中的性能进行了对比。结果表明,当码片信噪比相同时,假设反馈算法有更低的 BER,并且不会有误码平台产生,而 RAKE 存在误码平台现象。文献[49]基于符号判决反馈(Symbol Decision Feedback,SDF)和码片假设反馈(Chip Hypothesis Feedback,CHF)准则提出了两种判决反馈接收机算法,分别具有符号分辨率和码片分辨率。SDF 算法能跟踪在一个符号内保持平稳的信道,CHF 算法能跟踪快速变化的信道,但是需要对所有假设进行穷举搜索,复杂度较高。

当符号间隔等于最大信道时延时,能得到最优的扩展因子。由于不同帧之间的时延是不断变化的,因此不同发送时刻的最优扩展因子不同。然而,水声信道的时变性使系统不能实时获得最优扩展因子。另外,由于不同时刻的信道变化速率不同,因此当信道变化较快时,采用符号速率更新的均衡算法将不能跟踪时变信道,导致均衡性能降低;当信道变化缓慢时,采用码片速率更新的均衡算法将导致不必要的计算量的增加。

本章研究基于阈值的判决反馈(Threshold-based Decision-Feedback,TDF)接收算法,允许接收机根据水声信道的变化自适应地选择均衡器系数更新速率,以增加跟踪信道的灵活性,并且该方法不需要穷举搜索,能在可靠性与复杂度之间得到更好的平衡。随着一个符号内均衡输出的码片数增加,解扩值将越来越准确。因此,TDF 算法在一个符号内的累积解扩值足够可靠时对符号判决,重新扩展后反馈回均衡器。相对于在一个符号的全部码片均衡后,重新扩展作为下一个符号的输入的符号速率系数更新算法,TDF 算法能根据信道质量实时地判决符号并反馈,提高均衡性能。

8.2   基于阈值的判决反馈均衡算法

图 8.1 为 TDF 均衡算法的结构框图,不同于已有算法在一个符号的所有 L 个码片均衡之后解扩,TDF 均衡算法在每次码片输出后进行累积解扩。当累积解扩值足够准确时,再对当前符号进行判决,并重新扩展,作为反馈滤波器输入消除码片间的干扰。

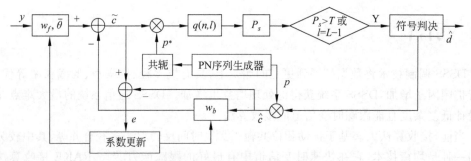

图 8.1   TDF 均衡算法结构框图

假设在 kT_c 时刻处理第 n 个符号的第 l 个码片,其中,$l=0,1,\cdots,L-1,n=0,1,\cdots,N-1$,则 $k=nL+l$,总的第 k 个码片 c_k 的软信息估计可表示为

$$\widetilde{c} = \boldsymbol{w}_{f_k}^{\mathrm{H}} \boldsymbol{X}_k e^{-j\hat{\theta}_k} - \boldsymbol{w}_{b_k}^{\mathrm{H}} \hat{\boldsymbol{c}}_k$$

$$= [\boldsymbol{w}_{f_k}^{\mathrm{T}}, \boldsymbol{w}_{b_k}^{\mathrm{T}}]^* \begin{bmatrix} \boldsymbol{X}_k e^{-j\hat{\theta}_k} \\ -\hat{\boldsymbol{c}}_k \end{bmatrix}$$

$$= \boldsymbol{w}_k^{\mathrm{H}} \boldsymbol{X}_k \tag{8.1}$$

式中,上标 T、* 和 H 分别表示矢量的转置、共轭和共轭转置操作;$\boldsymbol{w}_{f_k}$ 和 $\boldsymbol{w}_{b_k}$ 分别为 kT_c 时刻前向和反馈均衡器的抽头系数矢量,大小分别为 $N_e \times 1$ 和 $K_e \times 1$;$\boldsymbol{X}_k = [y_{k-N_e}, \cdots, y_{k-1}, y_k]^{\mathrm{T}}$ 和 $\hat{\boldsymbol{c}}_k = [\hat{c}_{k-K_e}, \cdots, \hat{c}_{k-2}, \hat{c}_{k-1}]^{\mathrm{T}}$ 分别为前向和反馈均衡器的输入矢量;$\hat{\theta}_k$ 为通过二阶 PLL 估计的残差相位偏移量。另外,$\boldsymbol{w}_k = [\boldsymbol{w}_{f_k}^{\mathrm{T}}, \boldsymbol{w}_{b_k}^{\mathrm{T}}]^{\mathrm{T}}$,$\boldsymbol{X}_k = [\boldsymbol{X}_k^{\mathrm{T}} e^{-j\hat{\theta}_k}, -\hat{\boldsymbol{c}}^{\mathrm{T}}]^{\mathrm{T}}$。

传统均衡算法在第 n 个符号的所有 L 个码片全部均衡后进行解扩,表示为

$$q(n) = \frac{1}{L} \sum_{l'=0}^{L-1} \widetilde{c}_{(l'+nL)} \, p_{l'}^* \tag{8.2}$$

通过符号判决和重新扩频后反馈到均衡器。然而,当信道在一个符号内变化较快时,在一个符号内的所有码片均衡后再解扩的均衡算法将不能很好地跟踪信道,从而降低了均衡性能。另外,扩频增益随着扩频因子增加而增加,因此,式(8.2)的前 $m(m<L)$ 项有可能足够可靠地确定符号,即可以在 m 个码片内,而不是在所有 L 个码片均衡后更新信道,从而更早地更新均衡系数,提高均衡性能。基于以上分析,为了提高均衡器跟踪信道的灵活性,TDF 算法在每次码片均衡输出后进行解扩,并且当解扩值足够可靠时对符号进行判决,同时更新抽头系数,并将对判决符号重新扩频后反馈到均衡器。

在 kT_c 时刻,对第 n 个符号的前 l 个码片的部分解扩计算为

$$q(n,l) = \frac{1}{l} \sum_{l'=0}^{L-1} \widetilde{c}_{(l'+nL)} \, p_{l'}^* \tag{8.3}$$

式(8.3)可通过递归的方式表示,即

$$q(n,l) = \frac{1}{l} \big[(l-1)q(n,l-1) + \widetilde{c}_k \, p_{l-1}^* \big] \tag{8.4}$$

对比式(8.2),采用式(8.4)进行解扩几乎没有增加任何计算量。另外,由于 $q(n,l)$ 是通过前一个值计算得到的,因此,称其为累积解扩值(Cumulative Despreading Value,CDV)。

当 CDV 足够可靠时将进行符号判决。符号判决是将累积解扩值 $q(n,l)$ 硬判决到星座图中最近的点的过程。假设均衡器处于稳定状态,则 kT_c 时刻的码片估计输出可表示为

$$\widetilde{c}_k = \bar{g} c_k + \xi_k \tag{8.5}$$

其中,ξ_k 为残余干扰,可看作均值为 0、方差为 $\sigma_\xi^2 = \bar{g}(1-\bar{g})$ 的高斯随机变量[90]。$\bar{g}$ 表示信道、滤波器和均衡器的冲激响应,假设 $\bar{g}$ 在 W_0 个码片内保持稳定,则第 kT_c 时刻其可估计为

$$\bar{g} = \frac{1}{W_0} \sum_{i=k-W_0+1}^{k} \frac{\widetilde{c}_i}{\hat{c}_i} \tag{8.6}$$

根据式(8.4)和式(8.5)可知,第 n 个符号的累积解扩值 CDV 与真实符号值 d_n 的关系为

$$\begin{aligned}
q(n,l) &= \frac{1}{l} \sum_{l'=0}^{L-1} \widetilde{c}_{(l'+nL)} \, p_{l'}^* \\
&= \frac{1}{l} \sum_{l'=0}^{L-1} (\bar{g} c_{(l'+nL)} + \xi_{(l'+nL)}) \, p_{l'}^* \\
&= \frac{1}{l} (l \bar{g} d_n + \xi_{(l'+nL)} \, p_{l'}^*) \\
&= \bar{g} d_n + n_l
\end{aligned} \tag{8.7}$$

式中,噪声变量 n_l 的均值为 0,方差为

$$\sigma_{n_l}^2 = \frac{1}{n} \sigma_\xi^2 = \frac{1}{l} \bar{g}(1-\bar{g}) \tag{8.8}$$

从式(8.8)可知,随着一个符号内均衡输出的码片数 l 的增加,噪声方差越来越小,CDV 将会越来越可靠。

为了定量地表示 CDV 的可靠性,引入成功率(Success Probability,SP)P_s。当 P_s 超过某一值时,可认为此时进行符号判决能以较高的概率得到正确的结果。由于判决的错误概率可粗略地正比于估计的符号到星座图上最近的点的距离,因此,考虑到 $\bar{g}$ 的影响,TDF 算法基于加权欧几里得距离定义成功率 P_s。

根据式(8.7),定义加权欧几里得距离为

$$E_d = \left| \frac{q(n,l)}{\bar{g}} - s \right| \tag{8.9}$$

式中，$s=D[q(n,l)]$ 为星座图上离 $q(n,l)$ 最近的点，$D[\cdot]$ 为硬判决操作；$q(n,l)$ 和 $\bar{g}$ 分别通过式(8.7)和式(8.6)获得。根据式(8.9)所示的加权欧几里得距离，成功率 P_s 可定义为

$$
\begin{aligned}
P_s &= \Pr\{D[q(n,l)]=s\} \\
&= \begin{cases} 0, & E_d \geqslant D_s \\ 1-\dfrac{E_d}{D_s}, & \text{其他} \end{cases} \\
&= \begin{cases} 0, & E_d \geqslant D_s \\ 1-\dfrac{1}{D_s}\left|\dfrac{q(n,l)}{\bar{g}}-s\right|, & \text{其他} \end{cases}
\end{aligned} \tag{8.10}
$$

式中，D_s 为星座图中两点间最小距离的一半。

算法通过比较成功率 P_s 与预先设定的阈值 $T_h(0<T_h<1)$ 的大小来决定是否进行符号判决。如果第 n 个符号的第 l 个码片的成功率 P_s 高于阈值 T_h，则表明当前的 CDV 已经有足够高的成功率得到正确估计，因此将当前符号判决为 s，表示为

$$
\hat{d}_n=D[q(n,l)]=s, \quad \text{如果 } P_s>T_h \tag{8.11}
$$

图 8.2 为不同阈值下成功判决的概率，其中，对于 BPSK 调制方式，自下面到上面的信噪比为 $-1\sim5$dB，对于 QPSK 调制方式，自下面到上面的信噪比为 $3\sim12$dB，并且均以 1dB 为步长。从图中可以看出，成功判决的概率与阈值的选择有关，阈值的选择与 SNR、调制阶数有关，阈值越高，成功判决的概率越高。SNR 越高，达到相同成功判决概率时选择的阈值可以更小。另外，当调制阶数增加时，需要选择的阈值升高。

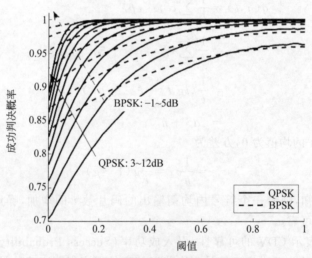

图 8.2 不同的阈值下成功判决的概率

当得到符号判决后，对第 n 个符号重新进行扩频，得到 L 个码片并将其反馈到均衡器加入下次迭代过程，扩频表示为

$$
\hat{c}_n=\hat{d}_n\boldsymbol{p} \tag{8.12}
$$

从而,在第 n 个符号的第 l 个码字均衡后,一个符号内剩余的 $L-l$ 个码字已可以被预测。同时,在 kT_c 时刻,误差信号可计算为

$$e_k = \tilde{c}_k - \hat{c}_k \tag{8.13}$$

e_k 用于驱动均衡系数和相位偏移估计更新算法。

为了降低复杂度,本节选用线性 LMS 自适应更新算法作为示例,均衡器系数可更新为

$$\boldsymbol{w}_{k+1} = \boldsymbol{w}_k + \mu \boldsymbol{X}_k e_k^* \tag{8.14}$$

式中,μ 为步长因子,取值为 $0\sim1$,控制 LMS 算法的收敛速度和稳态性能。相位偏移量可由二阶 PLL 自适应地更新为

$$\hat{\theta}_{k+1} = \hat{\theta}_k + \alpha_1 \phi_k + \alpha_2 \sum_{m=0}^{k-1} \phi_m \tag{8.15}$$

$$\phi_k = \mathrm{Im}\{e_k^* \boldsymbol{w}_{f_k}^{\mathrm{H}} \boldsymbol{X}_k e^{-j\hat{\theta}_k}\} \tag{8.16}$$

式中,α_1 和 α_2 分别为分数和整数相位跟踪常数,取值为 $0\sim1$,另外,一般取 $\alpha_2 = \alpha_1/10$。

另外,当 $P_s < T_h$ 时,表明当前 l 个码片的累积解扩值 CDV 不能足够可靠地判决为正确符号,此时将停止更新均衡器系数直到获得可靠的 CDV,此方法可以降低由错误符号判决导致的误码传播的影响。

8.3　顺序估计增强方法

基于阈值的均衡算法的一个缺点是算法性能对阈值的选择较为敏感。一方面,如果选择的阈值过小,符号判决将有很大的概率是错误的,从而加重误差传播现象,导致均衡器性能的降低。另一方面,如果选择的阈值过大,将不能及时地进行符号判决,从而不能获得最优的均衡性能。

为了解决这一问题,提出一种基于硬判决的顺序概率来增加判决结果的准确性的方法。从式(8.8)可知,随着解扩码片数目的增加,扩频增益提高且 CDV 将越来越可靠地接近正确的星座图上的点。所以,如果符号判决正确,判决成功率 P_s 将随着累积的码片数目增加,否则,P_s 将有剧烈浮动。因此,当在第 n 个符号的第 l 个码字均衡后进行符号估计,可通过观察剩余的 $(L-l)$ 个码片输出后的 P_s 的变化来检验符号判决是否正确。

定义顺序概率 P_{sq} 为当前码片成功率与前面码片成功率之差。另外,为提高判断的可靠性,将大小为 W 的窗应用到 P_{sq},则第 l 个码片的顺序概率 P_{sq} 定义为

$$P_{sq}(l) = \frac{1}{W}\Big(\sum_{i=l-W+1}^{l} P_s(i) - \sum_{i=l-2W+1}^{l-W} P_s(i)\Big) \tag{8.17}$$

因此,令 T_m 为允许的最小成功率浮动值,如果 $P_{sq}(l) < T_m$,则表明估计的符号正远离判决点,此时有较大的概率发生了判决错误,因此,将丢弃已判决的符号,继续进行累积解扩直到解扩值足够可靠。

8.4　性能分析

8.4.1　复杂度分析

对于一帧中的 N 个符号,式(8.1)、式(8.4)和式(8.10)执行 NL 次,式(8.14)和式(8.15)的操作次数依赖于正确的符号判决的时刻。假设对于第 n 个符号前 l_n 个码片能可靠地判决,则式(8.14)和式(8.15)需要 $(L-l_n)$ 次操作。根据上面的分析可知,TDF 算法需要的乘法次数为 $NL(N_e+K_e+6)+\sum_{k=0}^{N-1}(L-l_k)(N_e+K_e+4)$,复杂度位于 $O(N(L+1)(N_e+K_e))$ 和 $O(2NL(N_e+K_e))$ 之间。

根据文献[49],以符号速率更新的 SDF 算法的乘法复杂度为 $O(N((L+1)N_e+2K_{e0}))$,以码片速率更新的 CHF 算法的复杂度为 $O(2MNL(N_e+K_e))$,其中,K_{e0} 为 SDF 反馈滤波器阶数。由于 SDF 均衡器反馈符号估计,而 CHF 均衡器反馈重新扩频的码片,因此,一般有 $K_{e0}<K_e$。

因此,TDF 算法的复杂度高于 SDF 算法,但显著低于 CHF 算法。特别是当 DSSS 通信系统采用高阶调制方式时,由于 CHF 算法需要穷举所有的符号集合,因此对比 CHF 算法,TDF 算法的复杂度更低。

8.4.2　仿真结果分析

在性能仿真中,每一帧数据包含数据块、前导序列和后导序列三部分,如图 8.3 所示。前导序列和后导序列均为 20ms 的线性调频(Linear Frequency Modulation,LFM)波形,其中频率范围为 40～60kHz,分别插入到数据块的前面和后面,用于时间同步和多普勒扩展因子估计。其中,LFM 信号主要用于接收端对数据包的时间同步,通常被称为Chirp 信号,其频率随时间而线性改变,可表示为

$$g(t)=A\mathrm{e}^{\mathrm{j}\pi(f_l+kt)t},\quad t\in[0,T]\tag{8.18}$$

式中,A 为信号幅度;f_l 为 LFM 信号的最低频率;$k=(f_h-f_l)/T$ 为线性调频率,f_h 为 LFM 信号的最高频率,T 为 LFM 信号持续的时间。训练序列的主要作用是跟踪信道,使均衡器达到收敛。数据块包括用于跟踪信道的训练序列和信息数据。另外,载波频率为 $f_c=50\mathrm{kHz}$,发送端和接收端采用滚降因子为 0.25 的平方根升余弦脉冲成型滤波器,码片速率为 $R_c=16\mathrm{kc/s}$,则当扩频因子 L 分别为 15、31、63、127 和 255 时,对应的比特速率分别为 2133b/s、1032b/s、508b/s、252b/s 和 126b/s。

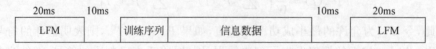

图 8.3　帧结构

为了更好地对水声信道中算法的性能进行评估,采用海试估计信道作为仿真信道,377 帧数据的水声信道响应如图 8.4 所示,通过对前面的一个 LFM 信号进行自相关得到

时间同步,同时获得信道冲激响应估计。从图 8.4 中可以看出,不同帧之间的信道响应有较为明显的变化。另外,为仿真信道的时变特性,在发送端和接收端之间加入 1m/s 的相对运动来模拟多普勒效应。在接收端,通过衡量前导 LFM 序列和后导 LFM 序列之间的时间间隔可估计多普勒扩展因子 $\hat{\alpha}$,并通过重采样对接收信号 $\tilde{z}(t)$ 进行补偿,得到

$$\tilde{y}(t) = \tilde{z}\left(\frac{t}{1+\hat{\alpha}}\right) \tag{8.19}$$

式中,$\tilde{z}(t)$ 如式(3.15)所示。然后,对重采样后的 $\tilde{y}(t)$ 进行下变频及低通滤波后,得到复基带接收信号为

$$y(t) = \sum_{n=0}^{N-1}\sum_{l=0}^{L-1} d_n p_l \sum_{r=0}^{L_p-1} h_r e^{j2\pi f_c(t-\tau_r)} \cdot g[(1+\epsilon)t - \tau_r - lT_c - nT] + n(t) \tag{8.20}$$

式中,$\epsilon = (1+\alpha)/(1+\hat{\alpha}) - 1$ 为残余多普勒扩展因子。之后,对基带信号以每个码片取 F 个样本进行采样,得到离散基带数据为 $\boldsymbol{y} = [y_0, y_1, \cdots, y_{FLN-1}]^\mathrm{T}$。最后,对 $\boldsymbol{y}$ 进行均衡及信道解码后,得到发送数据 $\boldsymbol{b}$ 的估计。

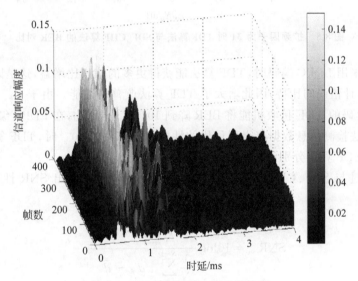

图 8.4　377 帧数据的水声信道响应

均衡器的参数设置为 $N_e = 40, K_{e0} = 1, K_e = 4, \mu_0 = 1e^{-2}, \mu = 1e^{-3}, \alpha_1 = 1e^{-4}$ 和 $\alpha_2 = \alpha_1/10$,其中 μ_0 为 SDF 均衡算法的步长因子。

为了评估 TDF 算法的性能,首先,通过将 TDF 算法的 BER 性能与文献[49]的 SDF 和 CHF 算法进行比较。图 8.5 给出了扩频因子为 31 时 TDF 算法与 SDF、CHF 算法在没有信道编码和 LDPC 编码情况下的 BER 对比。可以看出,当没有信道编码时,在低信噪比下,即 $E_b/N_0 < 8\text{dB}$,TDF 算法能获得最优的性能。这是因为 TDF 算法仅当符号估计足够可靠时更新均衡器系数,而 CHF 算法总在每次码片均衡后更新均衡器,而无论符号判决是否正确。因此,在低信噪比下,符号判决错误将导致严重的误码传播,降低 CHF 算法的性能。而在高信噪比下,符号估计错误的概率降低,由于 CHF 算法符号集合内的元素进行穷举搜索,因此将得到最优的性能。在 BER 为 10^{-4} 时,TDF 算法性能差于

CHF 算法约 0.5dB,而优于 SDF 算法约 2dB。

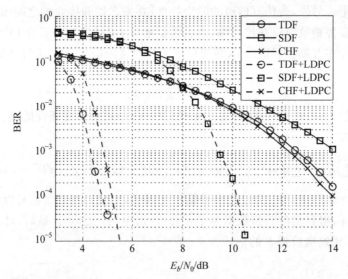

图 8.5 扩频因子为 31 时 TDF 算法与 SDF、CHF 算法的 BER 对比

另外,当采用 LDPC 编码时,TDF 算法能获得更多的信噪比增益,这是因为 LDPC 码能校正部分估计错误的比特,因此增大了 TDF 算法改善的性能。由于 $E_b/N_0 < 8$dB 时,经过 LDPC 解码的 TDF 接收机能将 BER 降到 10^{-4} 以下,因此,在 LDPC 编码的情况下,采用 TDF 算法检测信息数据将得到最优的性能,当 BER 为 10^{-4} 时,TDF 算法性能优于 CHF 算法和 SDF 算法分别约 0.5dB 和 5.5dB。

然后,通过与 SDF、CHF 算法对比来评估 TDF 算法的输出 SNR 性能,其中输出 SNR 定义为

$$\mathrm{SNR_{out}} = 10\log \frac{\frac{1}{N}\sum_{m=0}^{N-1} |d_m|^2}{\frac{1}{N}\sum_{m=0}^{N-1} |d_m - \hat{d}_m|^2} \tag{8.21}$$

式中,d_m 和 $\hat{d}_m$ 分别为第 m 个发送符号和第 m 个符号判决值。图 8.6 给出了没有信道编码的情况下,不同扩频因子的 TDF 算法与 SDF、CHF 算法在输入信噪比分别为 -15dB 和 -5dB 时输出 SNR 对比,其中,扩频因子 L 分别为 15,31,63,127 和 255。结果表明,在输入信噪比为 $\mathrm{SNR_{in}} = -15$dB 时,TDF 接收算法能获得最优的输出信噪比。这是因为在较低的输入 SNR 下,CHF 算法受误码传播的影响均衡性能降低。当 $\mathrm{SNR_{in}} = -5$dB 时,由于符号估计的可靠性增加,因此 CHF 算法的性能最好。然而,这是以复杂度的提高为代价的。另外,输出 SNR 的比较结果与 BER 的性能对比一致,即在没有信道编码的情况下,当信噪比较低时,TDF 算法能获得更优的性能;随着信噪比的增加,误差传播现象也减少,此时,采用穷举搜索的 CHF 算法的性能最优。

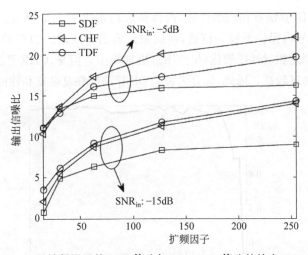

图 8.6　不同扩频因子的 TDF 算法与 SDF、CHF 算法的输出 SNR 对比

8.4.3　水下试验结果分析

本节通过水池试验来评估 TDF 算法的性能,其中水池试验中各器材布放如图 8.7 所示。发射换能器与接收水听器的水平距离约为 5.2m,均位于水下 2m 处。另外,在水下约 7m 处,存在 3 个产生强干扰的器材。在试验中,没有采用编码方案。均衡器参数设置为 $K_e=2,\mu_0=\mu=0.05,\alpha_1=0.05,\alpha_2=\alpha_1/10=0.005$。

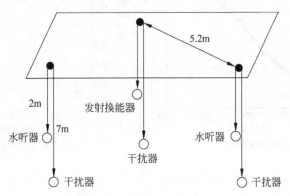

图 8.7　水池试验中各器材布放

首先,图 8.8 给出了扩频因子为 127 时成功率(P_s)随解扩码片数目的变化。从图中可以看出,随着累积解扩的码片数目增加,P_s 也随之增加,其中,P_s 曲线在 0.95～1 的浮动来自于噪声,设置阈值为 0.95,则 TDF 算法可在约第 16 个码片累积解扩后成功进行符号判决,和传统解扩算法相比,仅需 12.6% 的计算量。

图 8.9 给出了扩频因子为 31 时 TDF 算法与 SDF、CHF 算法的星座图对比。首先,一帧间隔内的相位偏移估计如图 8.9(a)所示,从图中相位变化的斜率可以估计出多普勒偏移频率约为 0.82Hz,发送端和接收端之间的相对运动约为 0.02m/s,可以忽略。图 8.9(b)～图 8.9(d)分别表示了 TDF、SDF 和 CHF 算法的输出符号估计的星座图。可

以看出,TDF 与 CHF 算法有相似的性能,两种算法均略优于 SDF 算法。这是因为 SDF 算法更适用于一个符号内保持平稳的信道,而试验信道稍有波动。TDF 算法和 CHF 算法能跟踪变化的信道,因此相对性能较优,星座图点更加集中。但是,CHF 算法需要对所有假设进行穷举搜索,复杂度较高。因此,综合来说,TDF 算法能在复杂度和性能之间进行平衡。

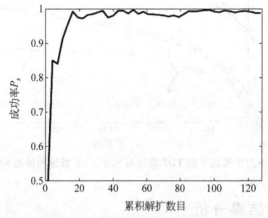

图 8.8　扩频因子为 127 时成功率随解码片数目的变化

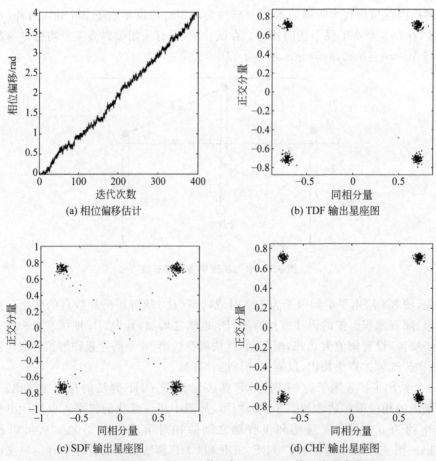

(a) 相位偏移估计　　　　(b) TDF 输出星座图

(c) SDF 输出星座图　　　　(d) CHF 输出星座图

图 8.9　扩频因子为 31 时 TDF 算法与 SDF、CHF 算法的星座图对比

　　图 8.10 给出了扩频因子为 31 时 TDF 算法与 SDF、CHF 算法的输出 MSE 性能对比。从图中可以看出，TDF 和 CHF 算法有更快的收敛速度，这是因为 SDF 算法以符号速率更新均衡器系数，收敛速度降低到原来的 $1/L$。另外，当均衡器达到稳定状态时，TDF 算法的 MSE 性能优于 SDF 算法约 2.9dB，而差于 CHF 算法约 0.6dB。

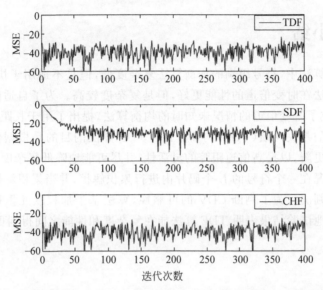

图 8.10　扩频因子为 31 时 TDF 算法与 SDF、CHF 算法的输出 MSE 性能对比

　　最后，对比了不同扩频因子下 TDF 算法与 SDF、CHF 算法的输出信噪比，结果如图 8.11 所示。可以看出，TDF 算法的输出 SNR 略低于 CHF 算法。对比 SDF 算法，随着扩频因子的增加，TDF 算法能获得更大的输出 SNR 增益，这是因为符号速率的系数更新在跟踪性能和干扰抑制能力之间进行折中。另外，由于发送端和接收端的相对速度较低，因此，可近似看作试验数据在平稳环境下得到，当信道处于非平稳状态时，SDF 的性能将近一步降低。

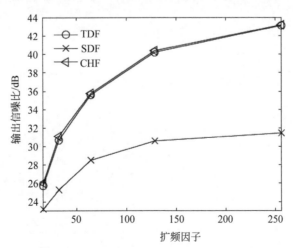

图 8.11　不同扩频因子下 TDF 算法与 SDF、CHF 算法的输出信噪比对比

综上所述,根据仿真和水池试验的处理结果可以看出,TDF 算法能在复杂度和性能之间得到更好的平衡。在没有编码的情况下,TDF 算法在低信噪比下的性能优于 CHF 算法和 SDF 算法,在高信噪比下的性能差于 CHF 算法。而在 LDPC 编码时,低信噪比下 TDF 算法的性能提升更加明显。

8.5　本章小结

已有的均衡算法中,符号级别的均衡算法复杂度低,但是不适用于快速时变信道;码片级别的均衡算法在时变信道的性能更好,但是复杂度较高。为了自适应地平衡性能与复杂度,本章研究了时变信道的情况未知时的均衡算法,提出了用于长距水声 DSSS 通信系统的基于阈值的判决反馈(TDF)均衡算法。TDF 算法的目的是根据信道的变化进行自适应速率系数更新,以提高信道跟踪的灵活性,并尽可能地降低复杂度。算法的主要思想是根据信道状况在一个符号的 L 个码片内进行累积解扩,并当累积解扩值(CDV)足够可靠时进行符号判决。为了判断 CDV 的可靠性,算法基于加权欧几里得距离引入了成功率。仿真和水池试验结果表明 TDF 算法能在复杂度和性能之间得到更好的平衡。

第 9 章

实时水声通信系统实现

9.1 引言

陆上通信设备往往采用电源供电,可选择嵌入式芯片较灵活。而水下通信机在多数情况下采用电池供电,各硬件需要在耗电量与性能之间进行平衡。因此在实践中设计水声通信算法时,需要综合考虑复杂度和通信性能。下面将以 LDPC 编码和 QPSK 调制为例,对系统的实时性问题进行介绍。

基于 QPSK 的水声通信系统框图如图 9.1 所示。发送端对信源进行 LDPC 编码及 QPSK 调制后,通过发射换能器在水声信道中传输数据。接收端通过接收换能器获取信号,在 QPSK 解调与均衡后进行 LDPC 解码,得到恢复的二进制数据。数据处理在 ADSP-BF561 中完成。

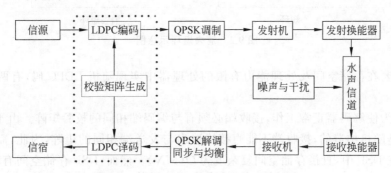

图 9.1　基于 QPSK 的水声通信系统框图

QC-LDPC 码结构简单,编码仅为线性复杂度,可以达到系统实时性要求。然而,很多水声通信系统采用其他编解码方式,如随机 LDPC 码、Turbo 编码等,可能存在实时性问题。随机 LDPC 码一般有最优的纠错能力,本章以随机 LDPC 码为例,研究随机 LDPC 码应用于水声通信系统中的性能。对于其他编解码方式,本书提供了一种思路。

9.2 信道编解码的实时应用研究

9.2.1 校验矩阵的构造及实时性问题

随机 LDPC 码的参数选择较为灵活,并且由于校验矩阵的构造具有随机性,随机 LDPC 码有着优异性能。为了保证随机 LDPC 码的性能,构造行重为 L、列重为 J 的随机校验矩阵的步骤如下。

（1）从全 0 的 $M \times N$ 维检验矩阵开始，对每列随机选择 J 个位置作为 1 在行中的候选位置。

（2）将随机的 NJ 个行位置进行升序排列，记录排序后的行对应的列位置。

（3）对 M 行的顺序标号进行 L 倍扩展，得到 ML 个行位置。

（4）将 ML 个行位置和 $NJ(=ML)$ 个列位置对应到校验矩阵中，作为 1 所在的位置。

（5）检验构造的校验矩阵的行重和列重，保证每行或每列中至少有两个 1。

（6）检验校验矩阵中的周长，如果小于所要求的最小周长，则消去短环，消去的过程如图 9.2 所示。具体为：当构造的校验矩阵中存在短环 $v_1 \rightarrow v_2 \rightarrow v_4 \rightarrow v_5 \rightarrow v_1$ 时，在 v_1 和 v_4 所在的行找到对应两个没有边节点 v_3 和 v_6，将边 $v_2 \rightarrow v_4$ 与 v_3 和 v_6 交换，则可以消去短环。

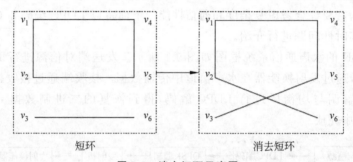

图 9.2　消去短环示意图

然而，要在存储空间及处理能力有限的处理器中实现随机 LDPC 码，有两个问题需要解决。

首先，为使解码器正常工作，接收端必须有与编码端相同的校验矩阵。由于发送端的校验矩阵是随机构造的，接收端不能直接构造出与发送端相同的矩阵，为此，需要将校验矩阵存储在 DSP 中，直接存储空间复杂度为 $O(MN)$。然而，DSP 存储空间有限，直接存储将可能导致空间不足，如码长为 288、码率为 1/2 时，直接存储校验矩阵需要约 41KB，因此这种方法是不实用的。

在 LDPC 码编码阶段，有如下两种方法可以选择。

（1）先将校验矩阵变为下三角矩阵后，再利用式（3.63）求解校验位，需要 $O(M^3)$ 的变换复杂度和 $O(N^2)$ 的编码复杂度。

（2）先将校验矩阵变为类下三角矩阵，复杂度为 $O(N^{3/2})$，然后利用式（3.67）和式（3.68）求解校验位，需要 $O(N+g^2)$ 的编码复杂度，因此，计算量及延迟较大，导致消耗更多的能量，降低了电池供电的水声通信机的使用时间。

为了解决以上问题，以最小的能量消耗和空间需求在 DSP 中实现随机 LDPC 编码，本节研究校验矩阵压缩算法及降低编码复杂度的算法。

9.2.2　校验矩阵压缩算法

为了降低实时处理的复杂度,减少不必要的计算,首先在计算机中将校验矩阵变换成系统矩阵形式后,在 ADSP-BF561 上实现随机 LDPC 编码。系统校验矩阵表示为 $\boldsymbol{H}_s=[\boldsymbol{A},\boldsymbol{I}_M]$,其中 $\boldsymbol{I}_M$ 为 M 阶单位矩阵,因此仅需将变换后的 $M\times K$ 维矩阵 $\boldsymbol{A}$ 存入 DSP 数据空间中。根据两种校验矩阵的特点不同,相应地采取两种压缩策略。

对于稀疏校验矩阵 $\boldsymbol{H}$,由于矩阵中仅有 LM 个 1,因此,仅需存放矩阵中 1 的位置,压缩策略如下:

(1) 不同行之间用 0 隔开。

(2) 同一行只存储第一个 1 所在的列数及相邻的 1 之间相隔的列数。

因此,压缩后仅需要存放 $(LM+M-1)$ 个数据,空间复杂度为 $O(LM)$。由于校验矩阵为稀疏的,因此一般有 $L\ll M$,从而空间复杂度更接近线性。例如,对于图 3.2 所示的校验矩阵,前两行经压缩后为 $[1,1,1,1,0,5,1,1,1]$,即原 40 个数据压缩后可由 9 个数据表示。定义压缩率 η 为节省的字节数与原始需要的字节数之比,则

$$\eta=1-\frac{LM+M-1}{M\times N}=1-\frac{L+1}{N}+\frac{1}{MN}\approx 1-\frac{L+1}{N} \tag{9.1}$$

因此,压缩率与码长和行重有关,码长越大,压缩率越高。由于 LDPC 码的校验矩阵是稀疏的,行重远小于码长,因此将有较高的压缩率。

对于系统校验矩阵 $\boldsymbol{H}_s$,可只需存储 $M\times K$ 维矩阵 $\boldsymbol{A}$,由于高斯变换后校验矩阵不再是稀疏的,因此,上面的压缩算法不适用于 $\boldsymbol{A}$。此时,采取的压缩策略为将矩阵 $\boldsymbol{A}$ 中每行的元素以 8 个为一组变为 1B 的数据进行存放,则共需要 $M\lceil K/8\rceil$ 字节空间。对每行单独进行压缩而不是对所有数据统一压缩的原因是为了编码更加容易。根据此压缩算法得到的压缩率为

$$n=1-\frac{M\lceil K/8\rceil}{M\times N}=1-\frac{\lceil K/8\rceil}{N}\approx 1-\frac{R}{8} \tag{9.2}$$

式中,R 为编码码率,由于 $0<R<1$,因此采用此方法得到的压缩率大于 87.5%,并且码率越低,压缩率则越高,例如,当 $R=1/2$ 时,压缩率能达到 93.75%。

9.2.3　基于字节的 LDPC 编码算法

由于 DSP 中存储了系统校验矩阵中的 $\boldsymbol{A}$,因此可以得到系统生成矩阵再进行 LDPC 编码。根据校验矩阵的系统矩阵形式 $\boldsymbol{H}_s=[\boldsymbol{A},\boldsymbol{I}_M]$ 得到的生成矩阵的系统形式表示为 $\boldsymbol{G}_s=[\boldsymbol{I}_K,-\boldsymbol{A}^{\mathrm{T}}]$。由于在二元域中,有 $-\boldsymbol{A}=\boldsymbol{A}$,因此,$\boldsymbol{G}_s=[\boldsymbol{I}_K,\boldsymbol{A}^{\mathrm{T}}]$。

将编码后的码字 z 分为两个矢量:信息位矢量 $\boldsymbol{u}$ 和校验位矢量 $\boldsymbol{p}$,即 $z=[\boldsymbol{u},\boldsymbol{p}]$,根据式(3.52)可得

$$z=\boldsymbol{u}\boldsymbol{G}_s=\boldsymbol{u}\cdot[\boldsymbol{I}_K,\boldsymbol{A}^{\mathrm{T}}]=[\boldsymbol{u},\boldsymbol{u}\boldsymbol{A}^{\mathrm{T}}] \tag{9.3}$$

因此,校验位矢量 $\boldsymbol{p}$ 为

$$\boldsymbol{p}=\boldsymbol{u}\boldsymbol{A}^{\mathrm{T}} \tag{9.4}$$

即每个校验位 p_i 为行信息矢量 $\boldsymbol{u}$ 与矩阵 $\boldsymbol{A}^{\mathrm{T}}$ 的第 i 列矢量,也即信息矢量 $\boldsymbol{u}$ 与 $\boldsymbol{A}$ 的第 i

行矢量的点乘相加和。

由于 $M \times K$ 维矩阵 A 每行的元素以字节的形式存储,因此,为了更简单地编码,首先将 K 个信息位 u 也变为字节形式(在实际应用中,信源一般以字节形式存储,如压缩后的图像、语音等,一般情况下需要将字节变为二进制,然后进行编码,而由于本算法矩阵以字节形式存储的特殊性,反而省略了将字节变为二进制再变为字节的过程)。由于只有 u 与 A 的行矢量对应位均为 1 时,相乘时才为 1,因此求解信息位与 A 的行矢量的点乘相加和等同于求解字节的按位与操作的结果中 1 的个数。综上所述,基于字节的 LDPC 编码算法的步骤如下。

(1) 当求解第 i 个校验位 p_i 时,对$\lceil K/8 \rceil$字节和 A 的第 i 行的$\lceil K/8 \rceil$字节进行按位与操作,得到的数据中 1 所在的位置即为信息位和 A 的第 i 行矢量相乘后的 1 的位置。

(2) 找出步骤(1)输出的$\lceil K/8 \rceil$字节的二进制表示中的 1 的个数,如果为偶数个 1,则表示该校验位为 0,即 $p_i = 0$;如果有奇数个 1,则 $p_i = 1$。

例如,设信息位矢量为 $u = [0,0,1,1,0,1,0,0]$,A 的第 i 行为 $[1,0,1,0,1,1,0,1]$,则其字节表示分别为 52 和 173,按照步骤(1)进行按位与操作可得到 36,由于 36 的二进制表示包含 2 个 1,即 1 的个数为偶数,因此第 i 个校验位为 $p_i = 0$。

由于按位与运算的复杂度仅为 $O(1)$,则基于字节的 LDPC 编码算法的复杂度取决于步骤(2)的复杂度。有两种方法可以有效计算字节中的 1 的个数。

方法一:查表法,根据步骤(1)得到的字节值直接获得二进制表示的 1 的个数。表 9.1 给出了 1 个字节内值为 0~255 的二进制表示中 1 的个数。该方法较为简单,只需要一次取值,但是为了存储表 9.1,需要多消耗 256B 的空间,是一种以空间换取时间的方法。

表 9.1   0~255 的二进制表示中 1 的个数

值	二进制表示中 1 的个数
0~31	0,1,1,2,1,2,2,3,1,2,2,3,2,3,3,4,1,2,2,3,2,3,3,4,2,3,3,4,3,4,4,5
32~63	1,2,2,3,2,3,3,4,2,3,3,4,3,4,4,5,2,3,3,4,3,4,4,5,3,4,4,5,4,5,5,6
64~95	1,2,2,3,2,3,3,4,2,3,3,4,3,4,4,5,2,3,3,4,3,4,4,5,3,4,4,5,4,5,5,6
96~127	2,3,3,4,3,4,4,5,3,4,4,5,4,5,5,6,3,4,4,5,4,5,5,6,4,5,5,6,5,6,6,7
128~159	1,2,2,3,2,3,3,4,2,3,3,4,3,4,4,5,2,3,3,4,3,4,4,5,3,4,4,5,4,5,5,6
160~191	2,3,3,4,3,4,4,5,3,4,4,5,4,5,5,6,3,4,4,5,4,5,5,6,4,5,5,6,5,6,6,7
192~223	2,3,3,4,3,4,4,5,3,4,4,5,4,5,5,6,3,4,4,5,4,5,5,6,4,5,5,6,5,6,6,7
224~255	3,4,4,5,4,5,5,6,4,5,5,6,5,6,6,7,4,5,5,6,5,6,6,7,5,6,6,7,6,7,7,8

方法二:直接计算字节中的 1 个数目。假设对第 i 个校验位 p_i,步骤(1)输出的结果为 B_i,如果 B_i 的二进制表示中含有 k 个 1,则计算字节中 1 的数目需要 k 次迭代按位与操作,其算法原理为不断清除 B_i 的二进制表示中最右边的 1,同时累加计数器,直至 B_i 为 0,此算法操作次数与输入 B_i 的大小无关,只与 B_i 的二进制表示中 1 的个数有关[203],具体步骤如下。

(1) 迭代初始化。令 t 表示迭代次数,对第 i 个校验位,当 $t=0$ 时,迭代输入初始化为

$$B_i^{(0)} = B_i, \quad i = 1, 2, \cdots, M \tag{9.5}$$

(2) 迭代次数加 1,即 $t=t+1$,消去 $B_i^{(t-1)}$ 中最右边的 1,计算为

$$B_i^{(t)} = B_i^{(t-1)} \& (B_i^{(t-1)} - 1) \tag{9.6}$$

式中,$\&$ 表示按位与操作。

(3) 迭代停止判断。当 $B_i^{(t)} = 0$ 时停止迭代,则 B_i 的二进制表示中 1 的数目为 $k = t$。

因此,对于任意的 B_i,方法二最多需要 8 次与运算。另外,由于字节中的 1 是均匀出现的,因此,算法的平均运算量为 4 次。所以,步骤(2)也有常数时间复杂度。

9.3　均衡器的实时应用研究

在水声点对点实时通信中,均衡器的实时性是水声通信系统设计需要重点考虑的问题之一。均衡器的核心是均衡器系数更新算法,而如何设计算法,使得在保证均衡性能的前提下降低算法复杂度则成为均衡器实时性问题研究的主要内容。

降低均衡器复杂度的方法很多,具体介绍如下。

(1) 并行技术。多符号均衡同时进行处理,以空间换取时间,是接收端获取实时的一种方法。

(2) 稀疏均衡技术。水声信道时延较长,但是极为稀疏的,因此可以把稀疏处理技术用于均衡算法,如 L1 算法、匹配追踪(Matching Pursuits,MP)算法、正交匹配追踪(Orthogonal Matching Pursuits,OMP)算法[204-205]等。

(3) 抽头个数自适应。水声信道环境是时刻变化的,信道时延扩展变化范围大,因此,可以根据水声信道状况实时选择抽头个数,当信道延时变小时减少抽头个数,当信道延时增加时增加抽头个数,使得均衡器在保证均衡性能的条件下,尽可能降低计算量,从而整体上降低均衡器复杂度。

(4) 均衡器系数更新算法自适应。不同均衡器系数更新算法复杂度不同,如 LMS 算法的复杂度为根据水声信道环境变换选择合适的均衡算法。如第 6 章介绍的基于加窗误差自相关估计的联合 RLS-LMS 均衡算法,可以根据信道的时变性和均衡器的状态选择合适的算法,在保证均衡性能的同时降低复杂度。

总的来说,满足实时性要求的均衡器需要根据水声信道环境进行均衡自适应调整,在进行系统设计时,可以选择以上一种或多种方法进行处理。

9.4　性能分析

9.4.1　多信道仿真性能分析

首先对 LDPC 码在 AWGN 信道和平坦瑞利衰落信道中的性能进行仿真分析,仿真

系统框图如图 9.3 所示。发送端采用随机数产生器生成二进制信源,然后经过随机 LDPC 编码及 BPSK 调制后在信道中传输,接收端通过 LDPC 解码器恢复原始序列。由于水下通信系统每包发送 144b 信息,因此为适应系统要求,仿真中固定信息位长度为 144b,对码率分别为 2/3、1/2 和 1/3 的 LDPC 码在不同信道下的纠错性能进行分析。另外,设定 LDPC 解码器的最大迭代次数为 50 次。每个信噪比重复 10^5 次。

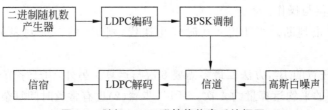

图 9.3　随机 LDPC 码性能仿真系统框图

仿真条件(1):AWGN 信道、信源传输速率相同,即发送端以固定的速率产生信源,比特信噪比相同。设 R 为编码码率,则编码后符号信噪比为比特信噪比的 R 倍。码率为 2/3、1/2 和 1/3 时随机 LDPC 码的纠错性能如图 9.4 所示。码长和信息位长。从图 9.4 可知,对比未编码系统,随机 LDPC 码编码的系统在 BER 为 10^{-5} 时能获得 4～6dB 的信噪比增益。当比特信噪比较低时,码率最低的 1/3 LDPC 码的纠错性能比码率为 1/2 及 2/3 的 LDPC 码更差,这是因为当码率过低时,符号信噪比下降太多,校验位增多带来的增益不足以弥补数据在信道中的性能损失。此外,也可从信道约束时间上来解释[156]。因此,在信息位长度相同且信源传输速率相同的条件下,并不是编码码率越低性能越好,此时应在码率之间寻找最优码率。

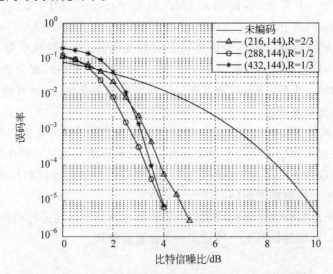

图 9.4　AWGN 信道、信源速率相同时随机 LDPC 码的性能

在图 9.4 中,右上角标注的(216,144)表示码长为 216b,信息位长为 144b。

仿真条件(2)：AWGN 信道,信道传输速率相同,即发送端以固定的速率发送编码后的符号,符号信噪比相同。不同码率下随机 LDPC 码的仿真性能如图 9.5 所示。可以看出,在 BER 为 10^{-5} 时,码率为 1/3 的 LDPC 码优于码率 1/2 的 LDPC 码,能获得约 2dB 的信噪比增益。同时,码率为 1/2 的 LDPC 码优于码率 2/3 的 LDPC 码约 2dB,码率越小,纠错性能越好。这是因为当符号信噪比相同时,不同码率的数据在信道中损失相同,而校验位越多,编码带来的增益越大,因此,在信道传输速率相同的条件下,纠错性能仅与码率有关,码率越小纠错性能越好。

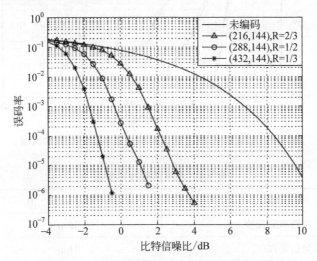

图 9.5　不同码率下随机 LDPC 码的仿真性能

仿真条件(3)：平坦瑞利衰落信道,信道传输速率相同,符号信噪比相同,令 h_i 表示发送第 i 个数据时瑞利信道的响应,均值为 0、方差为 1 的高斯变量,则接收端收到的第 i 个数据可表示为 $y_i = h_i x_i + n_i$,式中,n_i 为高斯噪声。此时,对于接收数据的初始化需修改为

$$L_{\mathrm{pri}}(c_i) = \frac{2y_i}{\sigma^2} E[a] \tag{9.7}$$

式中,$E[a] = 0.8862$[206]。结果如图 9.6 所示。可以看出,码率越低,纠错性能越好,与仿真条件(2)的结论相同。对比仿真条件(2)下的 AWGN 信道,平坦瑞利衰落信道中的 LDPC 码纠错性能下降约 3.5～5.5dB。另外,由于衰落信道使传输信号产生扩展或压缩,因此,未编码系统在衰落信道中的性能更差,相对地,LDPC 码能获得更高的信噪比增益。

9.4.2　试验数据处理与分析

2010 年冬,通过黄骅浅海试验测试了随机 LDPC 码在水声通信系统中的性能,以及 LDPC 码码率与纠错性能的关系。试验中的基本参数如表 9.2 所示,收发换能器相距 1km,均位于水下 10m 处。原始数据经过 LDPC 编码、QPSK 调制及上变频后,通过换能器在水下信道中传输,载频为 24kHz,通信频带为 8kHz。接收端对收到的数据进行自适应均衡后,经 LDPC 解码恢复出原始比特。

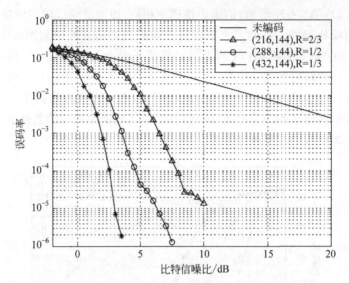

图 9.6   瑞利信道、信道速率相同时随机 LDPC 码的性能

表 9.2   浅海试验基本参数

参　　　数	值
收发换能器布放深度	10m
收发端通信距离	1km
系统带宽	8kHz(20～28kHz)
载波频率	24kHz
随机 LDPC 码编码率	1/2,1/3,2/3

　　发送的数据包的结构如图 9.7 所示。数据包头包含发送数据包号以及数据序列长度,并且经过 1/2 的卷积编码以保证接收端可靠地接收。每帧发送的信息位长度为144b,并分别采用 1/2、1/3 和 2/3 码率编码,每种码率的数据连续发送 512 包,对编码后的符号按同一速率传输,即以相同信道速率的条件发送。

3ms	10ms	8B	22B
LFM		训练序列	包头	数据序列

图 9.7   发送的数据包的结构

　　接收端首先通过对 LFM 信号自相关信道估计,图 9.8 给出了发送不同码率的 512 包数据时的信道情况,其中图 9.8(a)、图 9.8(b)和图 9.8(c)依次对应码率为 1/2、1/3 和 2/3 时,发送 512 包数据时的信道情况,图 9.8(d)表示发送码率为 1/2 的第 10 包数据时的瞬时信道响应的幅度。从图中可知,数据包发送期间水声信道的情况逐渐变好,发送码率1/2 时的 512 包数据时,海中的信道多径情况比较严重,对通信有较大影响的有 4 条径,其中第二条径能量较大,且常与第一主径相互交错。从图 9.8(a)可以看出,信道大多数能量分布在约 1ms 内。另外,相邻两包的信道响应变化较大,说明信道较不稳定,随时间变化较为明显,对接收端可靠地恢复数据带来极大的困难。从图 9.8(b)可以看出,信道大多数能量分布在约 0.5ms 内,信道时变性有所改善。当发送最后 512 包数据时,信道趋于稳定,时延扩展约 0.2～0.25ms。对码率为 1/2、1/3 和 2/3 的 512 包数据根据 LFM 信号进行时间同步,同步成功的包数分别为 270、398 和 497。

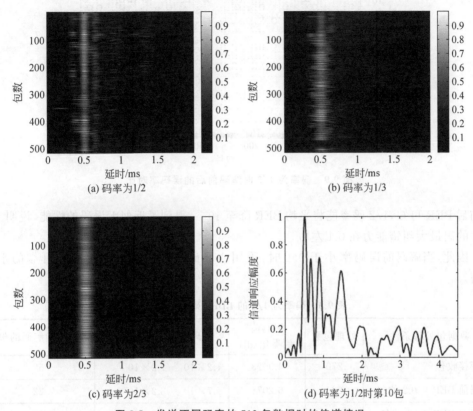

图 9.8　发送不同码率的 512 包数据时的信道情况

同步后,对数据自适应均衡解调,得到符号估计的软判决信息。对此符号软判决信息变为比特软判决信息后进行 LDPC 解码。图 9.9 给出了码率为 1/2 时解码前后的误码率对比,其中用 10^{-5} 表示正确解码,即 0 误码。从图中可知,存在一个特定的 BER,当超过这个值时,码率为 1/2 的码不能校正错误的比特,而低于此值时,经解码后能校正部分或全部校正码字中的错误。定义"性能限"为固定码率下最大能纠正的解码前的误码率大小,表 9.3 给出了码率为 1/2 的 LDPC 码的性能,对表 9.3 进行分析可知,码率为 1/2 时,LDPC 码的性能限在 0.1 左右,原因如下。

(1) 解码前 BER 在 0.2 以上的包数为 46,而未能正确解码的包数也为 46,可推断出这些数据已超出 1/2 码率的解码能力。

(2) 解码前 BER 在 0.1～0.2 的包数为 43,而未能正确解码的包数为 21,说明在此误码率范围内的数据采用 1/2 码率可部分解出,但不是所有包可解。

(3) 解码前 BER 小于 0.1 的包数为 181,解码后仅有一包数据未能正确恢复,对比解

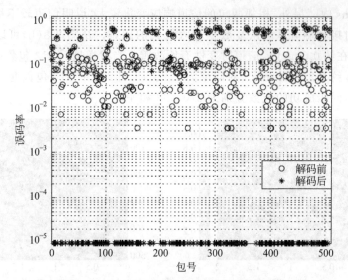

图 9.9　码率为 1/2 时解码前后的误码率对比

码前后 BER 可知,1/2 码率能将平均 BER 降至 10^{-5},得到了近似无误码的性能,说明 1/2 码率的码最大纠错能力在 0.1 左右。

　　因此,当解码前误码率小于 0.1 时,采用 1/2 码率的 LDPC 码可实现可靠的水声通信。

表 9.3　码率为 1/2 的 LDPC 码的性能分析

数据包处理条件	处理包数	解码前 信噪比/dB	解码前/后 BER 对比	未能正确解码的包数
全部接收包	270	4.9023	$1.2\times10^{-1}/7.2\times10^{-2}$	68
解码前 BER< 0.2 的包	224	6.2078	$5.7\times10^{-2}/8.2\times10^{-4}$	22
解码前 BER<0.1 的包	181	6.7558	$4.1\times10^{-2}/7.3\times10^{-5}$	1
解码前 BER<0.08 的包	157	7.0788	$3.4\times10^{-2}/0$	0

　　图 9.10 给出了码率为 1/3 时解码前后的误码率对比。表 9.4 给出了码率为 1/3 的 LDPC 码的性能,经过分析可知,1/3 码率的 LDPC 码在水下通信的性能限在 0.2 左右,原因如下。

　　(1) 解码前 BER 在 0.2 以上的包数为 15,而未能正确解码的包数也为 15,可推断出解码前 BER 高于 0.2 的数据超出了 1/3 码的解码能力。

　　(2) 解码前 BER 小于 0.2 时,383 包数据均可正确解码,得到了无误码的性能,说明 1/3 码率的 LDPC 码的最大纠错能力在 0.2 左右。

　　由分析可知,当解码前误码率小于 0.2 时,采用码率的 1/3 的 LDPC 码的通信系统能实现可靠的水声通信。

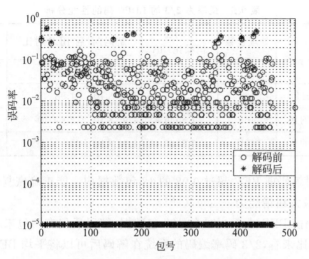

图 9.10　码率为 1/3 时解码前后的误码率对比

表 9.4　码率为 1/3 的 LDPC 码的性能分析

数据包处理条件	处理包数	解码前 信噪比/dB	解码前/后 BER 对比	未能正确解码的包数
全部接收包	398	7.4913	$4.3 \times 10^{-2} / 9.1 \times 10^{-3}$	15
解码前 BER<0.3 的包	386	7.7592	$3.3 \times 10^{-2} / 1 \times 10^{-4}$	3
解码前 BER<0.2 的包	383	7.815	$3.1 \times 10^{-2} / 2.9 \times 10^{-5}$	0

　　图 9.11 给出了码率为 2/3 时解码前后的误码率对比,表 9.5 为更详细的性能结果,经过分析可知,码率为 2/3 时随机 LDPC 码在水下通信的性能限在 0.08 左右,原因如下。

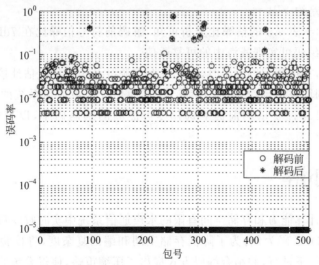

图 9.11　码率为 2/3 时解码前后的误码率对比

表 9.5　码率为 2/3 的 LDPC 码的性能分析

数据包处理条件	处理包数	解码前信噪比/dB	解码前/后 BER 对比	未能正确解码的包数
全部接收包	495	7.7064	$2.6\times10^{-2}/5.4\times10^{-3}$	13
解码前 BER< 0.1 的包	485	7.8433	$1.98\times10^{-2}/1.98\times10^{-4}$	3
解码前 BER<0.08 的包	483	7.8546	$1.95\times10^{-2}/2.9\times10^{-5}$	1
解码前 BER<0.07 的包	479	7.8765	$1.92\times10^{-2}/0$	0

（1）解码器对解码前 BER 超过 0.08 的 12 包数据均未能正确恢复，说明解码前 BER 超出了 2/3 码的最大纠错能力。

（2）对于解码前 BER 小于 0.08 的 483 包数据，解码后仅有一包未能正确恢复。从解码前后的 BER 对比来看，2/3 码率编码的系统在解码后可以将平均 BER 降至 10^{-5}，达到近似无误码的性能。

（3）解码前 BER 小于 0.07 的 479 包数据，可全部正确解码，结合（2）的分析可知，码率为 2/3 的 LDPC 码的最大纠错能力在 0.08 左右。

由分析可知，当解码前误码率小于 0.08 时，采用 2/3 码率的 LDPC 码可实现可靠的水声通信。

通过对比分析 3 种码率下的随机 LDPC 码在水声信道中的性能，可得到如下结论。

（1）LDPC 编解码算法可显著降低误码率，提高水声通信系统的可靠性，但是这是以降低系统的有效速率为代价的。

（2）当在相同信息位长度下以相同的信道传输速率发送数据时，码率越低，则码的纠错性能越好。对 1/2、1/3 和 2/3 码率的 LDPC 码在水下通信中的性能分析可知，其性能限分别在 0.1、0.2 和 0.08 左右。对比表 9.3 和表 9.5 可知，码率为 2/3 的 LDPC 码的信噪比性能比 1/2 码差约 1dB。

（3）由表 9.3～表 9.5 的信噪比分析可知，解码前符号信噪比在 7dB 以上时，采用合适码率的 LDPC 编码可实现浅海中的可靠通信。

工程应用中，在选择编码码率时，应先根据声源级及信道状况估计接收端可获得的信噪比，再根据解调增益估计解码前的信噪比，从而估计出该通信系统的理论误码率。最后，在满足通信可靠性要求的前提下选择尽可能高的编码码率，以减少通信有效性的损失。

9.5　本章小结

本章探讨在计算能力和存储空间有限的水声通信系统中实时收发数据的问题及解决思路。以随机 LDPC 码为例，为了降低存储空间和编码复杂度，将校验矩阵到系统校验矩阵的转换放在线下进行，并结合编码方式提出了压缩策略，使得系统的空间复杂度和时间复杂度均大幅降低。

第10章

总结与展望

10.1 研究总结

随着对海洋资源开发的步伐加快,人们对低复杂度、高鲁棒性的水声通信系统的需求也日益增加。水声通信技术是海洋工程应用的基础,如构建水声传感器网络、多媒体传输、环境监测等,都离不开可靠的数据传输。

本书首先探讨了水声通信信道的特点,其复杂性使得不能将陆上已成熟的通信技术直接应用于水声通信系统。本书重点研究了低复杂度、高可靠性的水声通信算法,主要聚焦在物理层的两个关键技术——信道编解码技术和均衡技术,具体包括以下几个方面。

(1)针对随机 LDPC 码校验矩阵空间复杂度高、QC-LDPC 码校验矩阵不满秩、编码复杂度高等问题,提出了一种低复杂度的可逆 QC-LDPC 码。通过合理设置零矩阵并采用扩展欧几里得算法判断可逆性来构造可逆校验矩阵。编码时,根据回溯扩展欧几里得算法得到逆矩阵,降低了复杂度。接收端只需几个参数就可生成与编码端相同的校验矩阵,节省了存储空间。实验表明,码长较短时构造的 QC-LDPC 码性能优于随机 LDPC 码。

(2)研究了基于导频的 LDPC 算法,算法通过两种导频数据提高 LDPC 码的性能:直接插入信息数据中的硬导频;解码过程中提取的可靠的软导频。导频数据能够提高节点之间消息传递的可靠性,阻止误差传播,从而改善解码性能。与标准解码算法的 BER 和 FER 性能对比的结果表明,基于导频的 LDPC 算法的性能有明显改善。

(3)为了提高 Turbo 均衡在水声通信系统中的性能并降低复杂度,提出了导频比特辅助的线性 Turbo 均衡(P-TE)算法。不同于其他用导频符号辅助信道估计的方法,P-TE 算法在信道编码前插入导频比特辅助均衡和解码过程,以最大限度地利用已知数据。另外,P-TE 算法加入了二阶 LMS 算法、自适应步长因子调整算法和来回扫描数据处理方法提高在水声时变信道中的性能。试验结果表明,P-TE 算法显著提高了均衡性能,降低了需要的迭代次数,并且存在一个最优的导频比例使平均吞吐量最大。

(4)面向长距水声 DSSS 通信系统,针对传统均衡算法不能最优地跟踪信道时变性的问题,提出了基于阈值的判决反馈(TDF)均衡算法。不同于传统算法在每个符号均衡完成后解扩,TDF 算法根据信道状况在一个符号的每个码片均衡后累积解扩,并基于加权欧几里得距离引入成功率来判断解扩值的可靠性,当解扩值足够可靠时进行符号判决。试验结果表明,TDF 算法能在复杂度和性能之间得到更好的平衡。

(5)针对 RLS 算法复杂度过高和 LMS 算法收敛速度慢的缺点,提出了基于加窗误差自相关估计的联合 RLS-LMS 算法,根据信道的时变性和均衡器的状态自适应地选择合适的算法。联合 RLS-LMS 算法可以更灵活地应用于慢变和快变信道。

(6) 探讨了在计算能力和存储空间有限的水声通信系统中实时收发数据的问题及解决思路。以随机 LDPC 码为例,研究了如何在有限的计算和存储能力的水声通信机中实现编码。

(7) 本书算法是实现水声通信系统的关键部分,可扩展到任意调制方式,如 OFDM、MIMO 等。

(8) 作者在理论研究的基础上,参与了水声工程样机的物理层通信算法实现、湖上试验和水池试验,有多年的实践经验。本书内容理论与实践相结合,为水声通信系统的设计提供了一个切实可行的方案。

10.2   研究展望

研究水声通信算法的主要目的是可靠并有效地传递信息。本书考虑了水声信道对发送信号的影响,针对信道特征设计通信算法。基于本书的研究,以下几方面的问题有待进一步探索。

(1) 研究符合实际的水声信道模型,使得设计算法时更加便利地进行性能评估。虽然已有相关研究提出过多种水声信道模型[8],但是在相对高的频率($>10\,\mathrm{kHz}$)下,由于缺少对小尺度介质变化的知识,如时间、距离及深度的依赖性,很难对信道冲激响应准确地建模。因此,通过模型仿真得到的数据不能和实际试验数据相匹配[207],这限制了算法性能评估的准确性。

(2) 研究随着信道改变自适应地调整速率的算法,以提高通信系统的吞吐量。当前,水声通信采用以帧为单位的固定速率突发传输方式,而当水声信道变化较快时,不同的帧所经历的信道质量不同,这导致了如下两方面的缺陷:

① 当信道状况较好时,允许以更高的速率传输数据,采用固定码率方式降低了可获得的数据率。

② 当信道状况变得较差时,采用固定速率传输可能超过信道容量,导致接收数据错误,降低了吞吐性能。因此,根据信道变化自适应地调整数据率将产生更优的性能。

(3) 研究更低复杂度的稀疏均衡算法。水声信道是稀疏的,接收信号在少数到达路径上有较高的幅度,而其他路径上的幅度较低,利用信道的这一特征仅更新有较高幅度的抽头系数将显著降低均衡复杂度。

(4) 将深度学习用于水声通信系统。深度学习技术,如深度神经网络、图网络等,因其强大的建模能力用于图像、语音语言等领域,取得了巨大的进展。近年来,深度学习技术也逐渐用于无线通信系统中,在物理层、资源优化等方向有较多研究。因此,可利用深度学习的能力解决水声通信系统中的问题,提高数据传输能力。

附录　部分学术用语中英文对照表

术语	英文	简称
频移键控	Frequency Shift Keying	FSK
相移键控	Phase Shift Keying	PSK
正交振幅调制	Quadrature Amplitude Modulation	QAM
差分 PSK	Differential Phase Shift Keying	DPSK
扩频	Spread Spectrum	SS
直接序列扩频	Direct Sequence Spread Spectrum	DSSS
跳频扩频	Frequency Hopping Spread Spectrum	FHSS
正交频分复用	Orthogonal Frequency Division Multiplexing	OFDM
锁相环	Phase Locked Loop	PLL
RS-BTC 码	Reed Solomon Block Turbo Codes	RS-BTC
低密度奇偶校验	Low Density Parity Check	LDPC
判决反馈均衡器	Decision Feedback Equalizer	DFE
最小均方	Least Mean Squares	LMS
均方误差	Mean Square Error	MSE
递归最小二乘	Recursive Least Squares	RLS
前向纠错技术	Forward Error Correction	FEC
误码率	Bit Error Rate	BER
Turbo 均衡	Turbo Equalization	TE
最大后验概率	Maximum A Posteriori	MAP
幸存路径预处理	Per-Survivor Processing	PSP
最小均方误差	Minimum MSE	MMSE
传播损失	Transmission Loss	TL
码间干扰	Inter-Symbol Interference	ISI
信噪比	Signal-to-Noise Ratio	SNR
加性高斯白噪声	Additive White Gaussian Noise	AWGN
信道边信息	Channel Side Information	CSI
幅度调制	Amplitude Modulation	AM
频率调制	Frequency Modulation	FM
相位调制	Phase Modulation	PM
幅移键控	Amplitude Shift Keying	ASK
峰均比	Peak to Average Power Ratio	PAPR
二进制相移键控	Binary Phase Shift Keying	BPSK
正交相移键控	Quadrature Phase Shift Keying	QPSK
误符号率	Symbol Error Rate	SER
信道间干扰	Inter-Carrier Interference	ICI
循环前缀	Cyclic Prefix	CP
多输入多输出	Multiple-In Multiple-Out	MIMO

奇异值分解	Singular Value Decomposition	SVD
并行级联卷积码	Parallel-Concatenated Convolutional Code	PCCC
递归系统卷积	Recursive Systematic Convolutional	RSC
软输出 Viterbi 算法	Soft-Output Viterbi Algorithm	SOVA
准循环	Quasi Cyclic	QC
置信传播	Belief Propagation	BP
对数似然比	Log-Likelihood Ratio	LLR
线性均衡器	Linear Equalizer	LE
最大似然符号检测	Maximum Likelihood Symbol Detection	MLSD
最大似然序列估计	Maximum Likelihood Sequence Estimation	MLSE
分数间隔均衡器	Fractionally Spaced Equalizer	FSE
变量节点解码器	Variable Nodes Decoder	VND
校验节点解码器	Check Nodes Decoder	CND
零填充 OFDM	Zero Padding-Orthogonal Frequency Division Multiplexing	ZP-OFDM
置信水平	Confidence Level	CL
归一化置信水平	Normalized Confidence Level	NCL
误帧率	Frame Error Rate	FER
均方根	Root Mean Square	RMS
自回归	Auto Regressive	AR
导频辅助的 Turbo 均衡器	Pilot-assisted Turbo Equalizer	P-TE
比特交织编码调制	Bit-Interleaved Coded Modulation	BICM
循环冗余校验	Cyclic Redundancy Check	CRC
基于阈值的判决反馈	Threshold-based Decision-Feedback	TDF
累积解扩值	Cumulative Despreading Value	CDV

参 考 文 献

[1] AL-SHAMMA A I, SHAW A, SAMAN S. Propagation of electromagnetic waves at MHz frequencies through seawater[J]. Antennas and Propagation, IEEE Transactions on, 2004, 52 (11): 2843-2849.

[2] QUAZI A, KONRAD W. Underwater acoustic communications[J]. Communications Magazine, IEEE, 1982, 20(2): 24-30.

[3] EGGEN T H. Underwater acoustic communication over Doppler spread channels[D]. Massachusetts: Massachusetts Institute of Technology, 1997.

[4] FRISK G V. Ocean and seabed acoustics: a theory of wave propagation[M]. San Antonio: Pearson Education, 1994.

[5] STOJANOVIC M. Underwater acoustic communications [C]//Electro95 International. Professional Program Proceedings. Boston, MA: IEEE, 1995: 435-440.

[6] TUCKER D G, GAZEY B K. Applied underwater acoustics[M]. New York: Pergamon Press Oxford, 1966.

[7] STOJANOVIC M. Recent advances in high-speed underwater acoustic communications[J]. IEEE Journal of Oceanic Engineering, 1996: 125-136.

[8] KILFOYLE D B, BAGGEROER A B. The state of the art in underwater acoustic telemetry[J]. Oceanic Engineering, IEEE Journal of 2000, 25(1): 4-27.

[9] CATIPOVIC J, BAGGEROER A B, VON DER HEYDT K, et al. Design and performance analysis of a digital acoustic telemetry system for the short range underwater channel[J]. Oceanic Engineering, IEEE Journal of 1984, 9(4): 242-252.

[10] CATIPOVIC J, FREITAG L. High data rate acoustic telemetry for moving ROVs in a fading multipath shallow water environment[C]//Autonomous Underwater Vehicle Technology, 1990. AUV'90., Proceedings of the(1990) Symposium on. Washington, DC: IEEE, 1990: 296-303.

[11] FREITAG L, MERRIAM J. Robust 5000 bit per second underwater communication system for remote applications [C]//Proceedings of Marine Instrumentation' 90. San Diego, CA: IEEE, 1990.

[12] CATIPOVIC J, DEFFENBAUGH M, FREITAG L, et al. An acoustic telemetry system for deep ocean mooring data acquisition and control[C]//OCEANS'89, Proceedings. Seattle, WA: IEEE, 1989, 3: 887-892.

[13] MERRIAM S. DSP-based acoustic telemetry modems[J]. Sea Technology, 1993, 34: 24-24.

[14] GREEN M D, RICE J A. Channel-tolerant FH-MFSK acoustic signaling for undersea communications and networks[J]. Oceanic Engineering, IEEE Journal of 2000, 25(1): 28-39.

[15] SEAN M, SHENGLI Z, WEN-BIN Y, et al. A comparative study of differential and noncoherent direct sequence spread spectrum over underwater acoustic channels with multiuser interference [C]// Quebec City, QC: IEEE, 2008.

[16] MORGERA S. Multiple terminal acoustic communications system design[J]. Oceanic Engineering, IEEE Journal of 1980, 5(3): 199-204.

[17] GARROOD D J. Applications of the MFSK acoustic communications system[C]//OCEANS'81.

Boston, MA: IEEE, 1981: 67-71.

[18] COATES R. A deep-ocean penetrator telemetry system[J]. Oceanic Engineering, IEEE Journal of 1988, 13(2): 55-63.

[19] FREITAG L E, MERRIAM J S, FRYE D E, et al. A long term deep water acoustic telemetry experiment[C]//Proc. Oceans. Honolulu, Haiwaii: IEEE, 1991.

[20] MACKELBURG G R. Acoustic data links for UUVs[C]//OCEANS'91. Ocean Technologies and Opportunities in the Pacific for the 90's. Proceedings. Honolulu, Hawaii: IEEE, 1991: 1400-1406.

[21] SCUSSEL K F, RICE J A, MERRIAM S. A new MFSK acoustic modem for operation in adverse underwater channels [C]//OCEANS'97. MTS/IEEE Conference Proceedings. Halifax, NS, Canada: IEEE, 1997, 1: 247-254.

[22] COURMONTAGNE P, FAGES G, BEAUJEAN P P. A chirp FSK improvement for communications in shallow water using bandwidth overlapping[C]//OCEANS 2008. Quebec City, QC: IEEE, 2008: 1-7.

[23] PROAKJS J G. Digital communications[M]. 5th Ed. New York: McGraw-Hill, 2007.

[24] MACKELBTJRG G, WATSONS, GORDON A. BENTHIC 4800 Bits/s Acoustic Teleme-try [C]//OCEANS 81. Boston, MA: IEEE, 1981: 72-72.

[25] OLSON LO, BACKES J L, MILLER J B. Communication, control and data acquisition sys tems on the ISHTE lander [J]. Oceanic Engineering, IEEE Journal of 1985, OE-10(l): 5-16.

[26] HOWE G, HINTONO, ADAMS A, et al. Acoustic burst transmission of high rate data through shallow underwater channels [J]. Electronics Letters, 1992, 28(5): 449-451.

[27] FISCHER J H, BENNETT KR, REIBLES, et al. A high data rate, underwater acoustic data-communications transceiver [C]//OCEANS'92. Mastering the Oceans Through Technology. Proceedings. Newport, RI: IEEE, 1992, 2: 571-576.

[28] SUZUKI M, SASAKI T, TSUCHIYA T. Digital acoustic image transmission system for deepsea research submersible [C]//OCEANS'92. Mastering the Oceans Through Technology. Proceedings. Newport, RI: IEEE, 1992, 2: 567-570.

[29] TARBIT P, HOWE G, HINTON O, et al. Development of a real-time adaptive equalizer for a high-rate underwater acoustic data communications link [C]//OCEANS'94. Oceans Engineering for Today's Technology and Tomorrow's Preservation.'Proceedings. Brest, France: IEEE, 1994, 1: 1-307.

[30] JONES J, DI MEGLIO A, WANG L, et al. The design and testing of a DSP, half-duplex, vertical, DPSK communication link[C]//OCEANS'97. MTS/IEEE Conference Proceedings. Halifax, NS: IEEE, 1997, 1: 259-266.

[31] ZHENG M, WANG L, STONER R, et al. Underwater digital communication utilising parametric sonar with M-ary DPSK modulation [J]. WE Proceedings-Radar, Sonar and Navigation, 1999, 146(4): 213-218.

[32] GOALIC A, TRUBUIL J, BEUZELIN N. Channel coding for underwater acoustic communication system[C]//OCEANS 2006. Boston, MA: IEEE, 2006: 1-4.

[33] LABAT J, LAOT C. Blind adaptive multiple-input decision-feedback equalizer with a self-optimized configuration[J]. Communications, IEEE Transactions on, 2001, 49(4): 646-654.

[34] KAYA A, YAUCHI S. An acoustic communication system for subsea robot[C]//OCEANS'89.

Proceedings. Settle, WA: IEEE, 1989, 3: 765-770.

[35] SUZUKI M, NEMOTO K, TSUCHIYA T, et al. Digital acoustic telemetry of color video information[C]//Proc. MTS/IEEE OCEANS. Seattle, WA: IEEE, 1989: 893-896.

[36] STOJANOVIC M, PROAKJS J G, CATIPOVIC J A. Adaptive multichannel combining and equalization for underwater acoustic communications [J]. Journal of the Acoustical Society of America, 1993, 94(3): 1621-1631.

[37] STOJANOVIC M, CATIPOVIC J, PROAKIS J G. Phase coherent digital communications for underwater acoustic channels[J]. IEEE Journal of Oceanic Engineering, 1994: 100-111.

[38] GOALIC A, LABAT J, TRUBUIL J, et al. Toward a digital acoustic underwater phone [C]// OCEANS' 94. Oceans Engineering for Today's Technology and Tomorrow's Preservation.' Proceedings. Brest, France: IEEE, 1994, 3: 111-489.

[39] LABAT J. Real time underwater communications[C]//OCEANS' 94.'Oceans Engineering for Today's Technology and Tomorrow's Preservation.'Proceedings. Brest, France: IEEE, 1994, 3: 111-501.

[40] JARVIS S M, PENDERGRASS N. Implementation of a multichannel decision feedback equalizer for shallow water acoustic telemetry using a stabilized fast transversal filters algorithm[C]// OCEANS' 95. MTS/IEEE. Challenges of Our Changing Global Environment. Conference Proceedings. San Diego, CA: IEEE, 1995, 2: 787-796.

[41] CAJELLANO V. Performance improvements of a 50km acoustic transmission through adaptive equalization and spatial diversity [C]//OCEANS' 97. MTS/IEEE Conference Proceedings. Halifax, Nova Scotia, Canada: IEEE, 1997, 1: 569-573.

[42] FREITAG L, GRUND M, SINGHS, et al. A bidirectional coherent acoustic communication system for underwater vehicles [C]//OCEANS'98 Conference Proceedings. Nice, France: IEEE, 1998, 1: 482-486.

[43] LI W, PREISIG J C. Estimation of rapidly time-varying sparse channels[J]. Oceanic Engineering, IEEE Journal of 2007, 32(4): 927-939.

[44] CHOI J W, RIEDL T J, KIM K, et al. Adaptive linear turbo equalization over doubly selective channels[J]. Oceanic Engineering, IEEE Journal of 2011, 36(4): 473-489.

[45] STOJANOVIC M, CATIPOVIC J, PROAKIS J. Reduced-complexity spatial and temporal processing of underwater acoustic communication signals[J]. The Journal of the Acoustical Society of America, 1995, 98(2): 961-972.

[46] TSIMENIDIS C C, HINTON O R, ADAMS A E, et al. Underwater acoustic receiver employing direct-sequence spread spectrum and spatial diversity combining for shallow-water multiaccess networking [J]. IEEE J Oceanic Eng., 2001, 26(4): 594-603.

[47] YANG T, YANG W B. Performance analysis of direct-sequence spread-spectrum underwater acoustic communications with low signal-to-noise-ratio input signals [J]. J. Acoust. Soc. Am., 2008, 123(2): 842-855.

[48] STOJANOVIC M, FREITAG L. Hypothesis-feedback equalization for direct-sequence spread-spectrum underwater communications [C]//OCEANS 2000 MTS/IEEE Conference and Exhibition. Providence, RI: IEEE, 2000, 1: 123-129.

[49] STOJANOVIC M, FREITAG L. Multichannel detection for wideband underwater acoustic CDMA communications[J]. IEEE J Oceanic Eng., 2006, 31(3): 685-695.

[50] STOJANOVIC M, PROARKIS J, RICE J, et al. Spread spectrum underwater acoustic telemetry [C]//OCEANS'98 Conference Proceedings. Nice: IEEE, 1998, 2: 650-654.

[51] EGNOR D, CAZZANTI L, HSIEH J, et al. Underwater acoustic single-and multi-user differential frequency hopping communications [C]//OCEANS 2008. Quebec City, QC: IEEE, 2008: 1-6.

[52] HUANG J, HE C, ZHANG Q. M-ary Chirp Spread Spectrum Modulation for Underwater Acoustic Communication[C]//TENCON 2005 IEEE Region 10. Melbourne, Qld: IEEE, 2005: 1-4.

[53] FREITAG L, STOJANOVIC M, SINGHS, et al. Analysis of channel effects on direct-sequence and frequency-hopped spread-spectrum acoustic communication [J]. Oceanic Engineering, IEEE Journal of 2001, 26(4): 586-593.

[54] YI T, PEI-BIN Z, XIAO-MEI X. Dual-mode modulation based research of underwater acoustic modem[C]//Wireless Communications Networking and Mobile Computing(WiCOM), 2010 6th International Conference on. Chengdu: IEEE, 2010: 1-3.

[55] HUANG J, SUN J, HE C, et al. High-speed underwater acoustic communication based on OFDM [C]//Microwave, Antenna, Propagation and EMC Technologies for Wireless Communications, 2005. MAPE 2005. IEEE International Symposium on Beijing: IEEE, 2005, 2: 1135-1138.

[56] FRASSATI F, LAFON C, LAURENT P A, et al. Experimental assessment of OFDM and DSSS modulations for use in littoral waters underwater acoustic communications[C]//Oceans 2005-Europe. Brest, France: IEEE, 2005, 2: 826-831.

[57] LI B, ZHOUS, STOJANOVIC M, et al. Pilot-tone based ZP-OFDM demodulation for an underwater acoustic channel [C]//OCEANS 2006. Boston, MA: IEEE, 2006: 1-5.

[58] LI B, ZHOU S, STOJANOVIC M, et al. Multicarrier communication over underwater acoustic channels with nonuniform Doppler shifts[J]. Oceanic Engineering, IEEE Journal of 2008, 33(2): 198-209.

[59] HAN S H, LEE J H. An overview of peak-to-average power ratio reduction techniques for multicarrier transmission[J]. IEEE Wireless Commun., 2005, 12(2): 56-65.

[60] RAFIMATALLAH Y, MOHAN S. Peak-to-average power ratio reduction in OFDM systems: A survey and taxonomy[J]. IEEE Commun. Surveys & Tutorials, 2013, 15(4): 1567-1592.

[61] SHARIF B S, NEASHAM J, HINTON O R, et al. A computationally efficient Doppler compensation system for underwater acoustic communications[J]. Oceanic Engineering, IEEE Journal of 2000, 25(1): 52-61.

[62] LI B, ZHOU S, STOJANOVIC M, et al. Non-uniform Doppler compensation for zero-padded OFDM over fast-varying underwater acoustic channels[C]//OCEANS 2007-Europe. Vancouver, BC: IEEE, 2007: 1-6.

[63] CATIPOVIC J A, BAGGEROER A B. Performance of sequential decoding of convolutional codes over fully fading ocean acoustic channels[J]. Oceanic Engineering, IEEE Journal of 1990, 15(1): 1-7.

[64] PROAKJS J G. Coded modulation for digital communications over Rayleigh fading channels[J]. Oceanic Engineering, IEEE Journal of 1991, 16(1): 66-73.

[65] GREEN M D, RICE J A. Error correction coding for communication in adverse underwater

channels[C]//OCEANS'97. MTS/IEEE Conference Proceedings. Halifax, Nova Scotia, Canada: IEEE, 1997, 2: 854-861.

[66] BERROU C, GLAVIEUX A, THITIMAJSHIMA P. Near Shannon limit error-correcting coding and decoding: Turbo-codes. 1[C]//Communications, 1993. ICC '93, IEEE International Conference on. Geneva: IEEE, 1993: 1064-1070.

[67] TRUBUIL J, GOALIC A, BEUZELIN N. An overview of channel coding for underwater acoustic communications[C]//MILITARY COMMUNICATIONS CONFERENCE, 2012-MILCOM 2012. Orlando, FL: IEEE, 2012: 1-7.

[68] KUN Z, SEN Q S, AIK K T, et al. A real-time coded OFDM acoustic modem in very shallow underwater communications[C]//OCEANS 2006-Asia Pacific. Singapore: IEEE, 2007: 1-5.

[69] GALLAGER R. Low-density parity-check codes[J]. IRE Trans. Infor. Theory, Han. 1962, 8(1): 21-28.

[70] 孙韶辉,贺玉成,等.低密度校验码在瑞利衰落信道中的性能分析 [J].计算机学报,2002, 25 (10): 1077-1 082.

[71] 文红,符初生,周亮.LDPC 码原理与应用 [M].成都:电子科技大学出版社,2006.

[72] FUTAKI H, OHTSUKI T. Low-density parity-check (LDPC) coded OFDM systems [C]// Vehicular Technology Conference, 2001. VTC 2001 Fall. IEEE VTS 54th. Atlantic City, NJ: IEEE, 2001, 1: 82-86.

[73] LI B, ZHOU S, STOJANOVIC M, et al. MIMO-OFDM over an underwater acoustic channel [C]//OCEANS 2007. Vancouver, BC: IEEE, 2007: 1-6.

[74] HUANG J, ZHOU S, WILLETT P. Nonbinary LDPC coding for multicarrier underwater acoustic communication [J]. Selected Areas in Communications, IEEE Journal on, 2008, 26 (9): 1684-1696.

[75] LI B, HUANG J, ZHOU S, et al. MIMO-OFDM for high-rate underwater acoustic communications [J]. Oceanic Engineering, IEEE Journal of 2009, 34(4): 634-644.

[76] RAFATI A, LOU H, XIAO C. Soft-decision feedback Turbo equalization for LDPC-coded MIMO underwater acoustic communications[J]. Oceanic Engineering, IEEE Journal of 2014, 39 (1): 90-99.

[77] CHITRE M, SHAHABTIDEENS, STOJANOVIC M. Underwater acoustic communications and networking: Recent advances and future challenges [J]. Marine Technology Society Journal, 2008, 42(1): 103-116.

[78] YOUGAN C, XIAOMEI X, LAN Z. Performance analysis of LDPC codes over shallowwater acoustic channels[C]//Wireless Communications, Networking and Mobile Computing, 2009. WiCom'09. 5th International Conference on. Beijing, China: IEEE, 2009: 1-4.

[79] 陈友淦,许肖梅.LDPC 码在浅海水声通信中的应用研究 [J].通信技术,2009(4): 41-42.

[80] LI T, ZHOU H, SUN L. The study of LDPC code applied to underwater laser communication [C]//Conference on Lasers and Electro-Optics/Pacific Rim. Shanghai: Optical Society of America, 2009: TUP1127.

[81] 陈友淦,许肖梅,冯玮,等.浅海水声信道中 QC-LDPC 码性能研究 [J].高技术通讯,2012, 21 (12): 1252-1257.

[82] X XIAOMEI, C YOUGAN, Z LAN, et al. Comparison of the performance of LDPC codes over different underwater acoustic channels[C]//Communication Technology(ICCT), 2010 12th IEEE

International Conference on. Nanjing: IEEE, 2010: 155-158.

[83] CAPELLANO V, LOUBET G, JOTJRDAIN G. Adaptive multichannel equalizer for underwater communications[C]//Proc. MTS/IEEE OCEANS. Ft. Lauderdale, FL, USA: IEEE, 1996: 994-999.

[84] FREITAG L, JOHNSON M, STOJANOVIC M. Efficient equalizer update algorithms for acoustic communication channels of varying complexity [C]//OCEANS' 97. MTS/IEEE Conference Proceedings. Halifax, NS: IEEE, 1997, 1: 580-585.

[85] KOCIC M, BRADY D, STOJANOVIC M. Sparse equalization for real-time digital underwater acoustic communications[C]//OCEANS' 95. MTS/IEEE. Challenges of Our Changing Global Environment. Conference Proceedings. San Diego, CA: IEEE, 1995, 3: 1417-1422.

[86] STOJANOVIC M, FREITAG L, JOHNSON M. Channel-estimation-based adaptive equalization of underwater acoustic signals[C]//OCEANS' 99 MTS/IEEE. Riding the Crest into the 21st Century. Seattle, WA: IEEE, 1999, 2: 590-595.

[87] RONTOGIANNTS A A, BERBERIDIS K. Bandwidth efficient transmission through sparse channels using a parametric channel-estimation-based DFE [J]. IEEE Proceedings-Communications, 2005, 152(2): 25 1-256.

[88] SOZER E, PROAKIS J, BLACKMON F. Iterative equalization and decoding techniques for shallow water acoustic channels[C]//OCEANS, 2001. MTS/IEEE Conference and Exhibition. Honolulu, HI: IEEE, 2001, 4: 2201-2208.

[89] DOUILLARD C, JIEZEQUEL M, BERROU C, et al. Iterative correction of intersymbol interference: Turbo-equalization[J]. Eur. Trans.Telecommun, 1995, 6(5): 507-511.

[90] TUCHLER M, KOETTER R, SINGER A C. Turbo equalization: principles and new results[J]. IEEE Trans. Commun., 2002, 50(5): 754-767.

[91] KOETTER R, SINGER A C, TUCHLER M. Turbo equalization[J]. IEEE Signal Process. Mag., 2004, 21(1): 67-80.

[92] TUCHLER M, SINGER A C. Turbo equalization: An overview[J]. IEEE Trans. Inf. Theory, 2011, 57(2): 920-952.

[93] LAOT C, GLAVIEUX A, LABAT J. Turbo equalization: adaptive equalization and channel decoding jointly optimized[J]. IEEE J. Sel. Areas Commun., 2001, 19(9): 1744-1752.

[94] LOPES R R, BARRY J R. The soft-feedback equalizer for turbo equalization of highly dis-persive channels[J]. IEEE Trans. Commun., 2006, 54(5): 783-788.

[95] SINGER A C, NELSON J K, KOZAT S S. Signal processing for underwater acoustic communications[J]. Communications Magazine, IEEE, 2009, 47(1): 90-96.

[96] BLACKMON F, SOZER E, PROAKIS J. Iterative equalization, decoding, and soft diversity combining for underwater acoustic channels [C]//OCEANS' 02 MTS/IEEE. Biloxi, MI: IEEE, 2002, 4: 2425-2428.

[97] OBERG T, NTLS SON B, OLOFS SON N, et al. Underwater communication link with iterative equalization[C]//OCEANS 2006. [S.l.]: IEEE, 2006: 1-6.

[98] CHOI J W, DROST R J, SINGER AC, et al. Iterative multi-channel equalization and decoding for high frequency underwater acoustic communications [C]//Sensor Array and Multichannel Signal Processing Workshop, 2008. SAM 2008. 5th IEEE. Darmstadt: IEEE, 2008: 127-130.

[99] S XIAOHONG, W HAIYAN, Z YUZHI, et al. Adaptive technique for underwater acoustic

communication[J]. Underwater acoustics, 2012: 59-74.

[100] DOMINGO M C. Overview of channel models for underwater wireless communication networks [J]. Physical Communication, 2008, 1(3): 163-182.

[101] UIRICK R J. Principles of underwater sound [M]. 3rd Ed. New York: McGraw-Hill Ryerson, 1983.

[102] KINSLER L E, FREY AR, COPPENS A B, et al. Fundamentals of acoustics[M]. 4th Ed. New York: John Wiley & Sons cop., 1999.

[103] ETTER P C. Underwater acoustic modeling and simulation[M]. Boca Raton: CRC Press, 2013.

[104] BREKFIOVSKIKH L M, LYSANOV P, I, LYSANOV Y P. Fundamentals of ocean acoustics [M]. New York: Springer, 2003.

[105] STOJANOVIC M. On the relationship between capacity and distance in an underwater acoustic communication channel[C]//Proc. WUWNet. Los Angeles: ACM, 2006: 41-47.

[106] COATES R F. Underwater acoustic systems[M]. New York: John Wiley & Sonscop, 1989.

[107] MACKENZIE K V. Nine-term equation for sound speed in the oceans[J]. The Journal of the Acoustical Society of America, 1981, 70(3): 807-8 12.

[108] STOJANOVIC M, PREISIG J. Underwater acoustic communication channels: Propagation models and statistical characterization[J]. IEEE Communications Magazine, 2009: 84-89.

[109] MARSH H W, SCHULKIN M. Shallow-Water Transmission[J]. The Journal of the Acoustical Society of America, 2005, 34(6): 863-864.

[110] JENSEN F B. Computational ocean acoustics[M]. New York: Springer, 1994.

[111] STOJANOVIC M. Acoustic (underwater) communications [J]. Encyclopedia of Telecommunications, 2003.

[112] CHITRE M. A high-frequency warm shallow water acoustic communications channel model and measurements[J]. The Journal of the Acoustical Society of America, 2007, 122(5): 2580-2586.

[113] YANG W B, YANG T. High-frequency channel characterization for M-ary frequency-shift-keying underwater acoustic communications [J]. The Journal of the Acoustical Society of America, 2006, 120(5): 2615-2626.

[114] GALLAGER R G. Principles of Digital Communication[M]. Cambridge: Cambridge University Press, 2008.

[115] BESSIOS AG, CAIMI FM. High-rate wireless data communications: An underwater acoustic communications framework at the physical layer[J]. Mathematical Problems in Engineering, 1996, 2(6): 449-485.

[116] CATIPOVIC J. Performance limitations in underwater acoustic telemetry[J]. IEEE J Oceanic Eng., 1990, OE-15(7): 205-216.

[117] SAMEER B, KOILPILLAI R, MURALIKRISHNA P. Underwater acoustic communications: Design considerations at the physical layer based on field trials [C]//Communications(NCC), 2012 National Conference on. Kharagpur: IEEE, 2012: 1-5.

[118] 刘伯胜,雷家煜.水声学原理 [M].哈尔滨:哈尔滨工程大学出版社,1993.

[119] 许天增,许鹭芬.水声数字通信 [M].北京:海洋出版社,2010.

[120] 曹志刚,钱亚生.现代通信原理 [M].北京:清华大学出版社,1992.

[121] S XIAOHONG, W HAIYAN, Z YUZHI, et al. Adaptive technique for underwater acoustic communication[J]. Underwater acoustics, 2012: 59-74.

[122] QI X, LI Y, HUANG H. A low complexity PTS scheme based on tree for PAPR reduction[J]. IEEE communications letters, 2012, 16(9): 1486-1488.

[123] KIM M, LEE W, CHO D H. A novel PAPR reduction scheme for OFDM system based on deep learning[J]. IEEE Communications Letters, 2017, 22(3): 510-513.

[124] JOO H S, KIM K H, NO J S, et al. New PTS schemes for PAPR reduction of OFDM signals without side information[J]. IEEE Transactions on Broadcasting, 2017, 63(3): 562-570.

[125] Wang Y C, Luo Z Q. Optimized iterative clipping and filtering for PAPR reduction of OFDM signals[J]. IEEE Transactions on communications, 2010, 59(1): 33-37.

[126] QIAO G, BABAR Z, MA L, et al. MIMO-OFDM underwater acoustic communication systems—A review[J]. Physical Communication, 2017, 23: 56-64.

[127] ZHOU S L, WANG Z H. OFDM 水声通信 [M]. 胡晓毅，任欢，译. 北京：电子工业出版社，2018.

[128] TSE D, VISWANATH P. Fundamentals of wireless communication [M]. Cambridge: Cambridge University Press, 2005.

[129] GOLDSMITH A, JAFAR S A, JINDAL N, et al. Capacity limits of MIMO channels[J]. Selected Areas in Communications, IEEE Journal on, 2003, 21(5): 684-702.

[130] SHANNON C E. A mathematical theory of communication[J]. The Bell System Technical Journal, 1948, 27(1): 379-423.

[131] HAMMING R W. Error detecting and error correcting codes[J]. Bell System technical journal, 1950, 29(2): 147-160.

[132] REED I. A class of multiple-error-correcting codes and the decoding scheme [J]. Information Theory, Transactions of the IRE Professional Group on, 1954, 4(4): 38-49.

[133] MULLER D E. Application of Boolean algebra to switching circuit design and to error detection [J]. Electronic Computers, Transactions of the IRE Professional Group on, 1954(3): 6-12.

[134] GOPPA V D. A new class of linear correcting codes[J]. Problemy Peredachi Informatsii, 1970, 6(3): 24-30.

[135] UNGERBOECK G. Channel coding with multilevel/phase signals[J]. Information Theory, IEEE Transactions on, 1982, 28(1): 55-67.

[136] MACKAY D J C, NEAL R M. Near Shannon limit performance of low-density parity-check codes[J]. Electron. Lett., 1996, 32(18): 1645-1646.

[137] CHUNG S Y, FORNEY JR G D, RICHARDSON T J, et al. On the design of low-density parity-check codes within 0.0045 dB of the Shannon limit[J]. Communications Letters, IEEE, 2001, 5(2): 58-60.

[138] RYAN W, LIN S. Channel codes: classical and modern[M]. Cambridge: Cambridge University Press, 2009.

[139] COSTELLO D J, FORNEY G D. Channel coding: The road to channel capacity[J]. Proceedings of the IEEE, 2007, 95(6): 1150-1177.

[140] TANNER R M. A recursive approach to low complexity codes[J]. Information Theory, IEEE Transactions on, 1981, 27(5): 533-547.

[141] IVL CKAY D J C. Good error-correcting codes based on very sparse matrices [J]. IEEE Trans. Inf. Theory, 1999, 45(2): 399-431.

[142] SHU L, LINS, COSTELLO D J. Error control coding [M]. India: Pearson Education

India，2004.

[143] CAMPELLO J，MODHA DS，RAJAGOPALAN S. Designing LDPC codes using bit-filling [C]//Communications，2001. ICC 2001. IEEE International Conference on. Helsinki：IEEE，2001，1：55-59.

[144] CAMPELLO J，MODHA D S. Extended bit-filling and LDPC code design[C]//Global Telecommunications Conference，2001. GLOBECOM' Ol. IEEE. San Antonio，TX：IEEE，2001，2：985-989.

[145] HU X Y，ELEFTHERIOU E，ARNOLD D M. Regular and irregular progressive edge-growth tanner graphs[J]. Information Theory，IEEE Transactions on，2005，51(1)：386-398.

[146] ASAMOV T，AYDIN N. LDPC codes of arbitrary girth[J]. Information Theory，IEEE Transactions on，2002，1：498-5 19.

[147] KOU Y，LIN S，FOSSORIER M P. Low-density parity-check codes based on finite geometries：a rediscovery and new results[J]. Information Theory，IEEE Transactions on，2001，47(7)：2711-2736.

[148] FOSSORIER M P. Quasicyclic low-density parity-check codes from circulant permutation matrices[J]. Information Theory，IEEE Transactions on，2004，50(8)：1788-1793.

[149] AJvIMAR B，HONARY B，KOU Y，et al. Construction of low-density parity-check codes based on balanced incomplete block designs[J]. Information Theory，IEEE Transactions on，2004，50(6)：1257-1269.

[150] CHUNG F，SALEHI J A，WEI V K. Optical orthogonal codes：design，analysis and applications[J]. Information Theory，IEEE Transactions on，1989，35(3)：595-604.

[151] ZHANG H，MOTIRA J M. The design of structured regular LDPC codes with large girth[C]//Global Telecommunications Conference，2003. GLOBECOM' 03. IEEE San Fran-cisco，CA：IEEE，2003，7：4022-4027.

[152] LU J，MOUIRA J M. Turbo design for LDPC codes with large girth[C]//Signal Processing Advances in Wireless Communications，2003. SPAWC 2003. 4th IEEE Workshop on. Rome，Italy：IEEE，2003：90-94.

[153] RICHARDSON T J，TJRBANKE R L. Efficient encoding of low-density parity-check codes[J]. Information Theory，IEEE Transactions on，2001，47(2)：638-656.

[154] NOUR A，BANTHASHEMI A H. Bootstrap decoding of low-density parity-check codes[J]. Communications Letters，IEEE，2002，6(9)：39 1-393.

[155] ZHANG J，FOSSORIER M P. A modified weighted bit-flipping decoding of low-density parity-check codes[J]. IEEE Communications Letters，2004，8(3)：165-167.

[156] GALLAGER R G. Low-density Parity-check Codes[M]. Cambridge，MA：MIT Press，1963.

[157] FOSSORIER M P，MIHALJEVIC M，IMAI H. Reduced complexity iterative decoding of low-density parity check codes based on belief propagation [J]. Communications，IEEE Trans-actions on，1999，47(5)：673-680.

[158] CHEN J，FOSSORIER M P. Near optimum universal belief propagation based decod-ing of low-density parity check codes[J]. Communications，IEEE Transactions on，2002，50(3)：406-414.

[159] QUIRESHI S U. Adaptive equalization[J]. Proceedings of the IEEE，1985，73(9)：1349-1387.

[160] RAPPAPORT TS，et al. Wireless communications：principles and practice [M]. New Jersey：Prentice Hall PTR，1996.

[161] GITLIN R D, WEINSTEIN S B. Fractionally spaced equalization: an improved digital transversal filter[J]. Bell Systems Technical Journal, 1981, 60: 275-296.

[162] VUTUKURU M, BALAKRISHNAN H, JAMIESON K. Cross-layer wireless bit rate adaptation[J]. ACM SIGCOMM Computer Communication Review, 2009, 39(4): 3-14.

[163] WIDROW B, STEARNS S D. Adaptive signal processing[M]. New Jersey: Prentice Hall PTR, 1985.

[164] HAYKIN S S. Adaptive signal processing[M]. 4th Ed. New Jersey: Prentice Hall PTR, 2010.

[165] WIDROW B. Adaptive filters I: fundamentals[R]. Stanford, CA: Systems Theory Laboratory, Stanford University, 1966.

[166] LING F, PROAKIS J G. Nonstationary learning characteristics of least squares adaptive estimation algorithms[C]//Acoustics, Speech, and Signal Processing, IEEE International Conference on ICASSP'84. San Dieo, California: IEEE, 1984, 9: 118-121.

[167] TANNER R M, SRIIDHARA D, SRIDHARAN A, et al. LDPC block and convolutional codes based on circulant matrices[J]. Information Theory, IEEE Transactions on, 2004, 50(12): 2966-2984.

[168] KAMIYA N. Efficiently encodable irregular QC-LDPC codes constructed from self-reciprocal generator polynomials of MDS codes[J]. Communications Letters, IEEE, 2010, 14(9): 1-3.

[169] HE Z, FORTIER P, ROY S. A class of irregular LDPC codes with low error floor and low encoding complexity[J]. Communications Letters, IEEE, 2006, 10(5): 372-374.

[170] XU Y, WEI G. On the construction of quasi-systematic block-circulant LDPC codes [J]. Communications Letters, IEEE, 2007, 11(11): 886-888.

[171] BINI D, DEL CORSO G, MANZINI G, et al. Inversion of circulant matrices over Zm[J]. Automata, Languages and Programming, 1998: 719-730.

[172] RIVEST R L. The invertibility of the XOR of rotations of a binary word[J]. International Journal of Computer Mathematics, 2011, 88(2): 281-284.

[173] RICHARDSON T J, URBANKE R L. The capacity of low-density parity-check codes under message-passing decoding[J]. Information Theory, IEEE Transactions on, 2001, 47(2): 599-618.

[174] MUQUET B, WANG Z, GIANNAKIS G B, et al. Cyclic prefixing or zero padding for wireless multicarrier transmissions? [J]. Communications, IEEE Transactions on, 2002, 50(12): 2136-2148.

[175] YEDIDIA J, FREEMAN W T, WEISS Y, et al. Generalized belief propagation [C]// Advances in Neural Information Processing Systems, NIPS. Cambridge, Mas-sachusetts: MIT Press, 2000, 13: 689-695.

[176] FOSSORIER M P. Iterative reliability-based decoding of low-density parity check codes[J]. Selected Areas in Communications, IEEE Journal on, 2001, 19(5): 908-917.

[177] SHARON E, LITSYNS, GOLDBERGER J. Efficient serial message-passing schedules for LDPC decoding [J]. Information Theory, IEEE Transactions on, 2007, 53(ll): 4076-4091.

[178] WU Y, YANG A, SUN Y N, et al. An enhanced soft value calculation for LDPC coded pulse-position-modulation[J]. IEEE communications letters, 2012, 16(5): 745-747.

[179] RONG B, XU Y, WU Y, et al. Exploring controllable deterministic bits for LDPC iterative decoding in WiMAX networks[C]//Global Communications Conference(GLOBECOM), 2012

IEEE. Anaheim, CA: IEEE, 2012: 4018-4023.

[180] FAN L, PAN C, PENG K, et al. Adaptive normalized mmn-sum algorithm for LDPC decoding [C]//Wireless Communications and Mobile Computing Conference (IWCMC), 2013 9th International. Sardinia: IEEE, 2013: 1081-1084.

[181] TURK K, FAN P. Adaptive Demodulation Using Rateless Codes Based on Maximum a Postenioni Probability[J]. Communications Letters, IEEE, 2012, 16(8): 1284-1287.

[182] BIERMAN G. Factorization methods for discrete sequential estimation [M]. New York: Academic Press, 1977.

[183] MORF M, KAILATH T. Fast algorithms for recursive identificaion[C]//Proc. 1976 conf. Decision Contr. Clearwater, FL, USA: IEEE, Dec. 1976: 916-921.

[184] MORF M, VIERIA A, LEE D T. Ladder forms for identification and speech processing[C]// Proc. 1977 conf. Decision Contr. New Orleans, LA, USA: IEEE, 1977: 1074-1078.

[185] SLOCK D T M, KAILATH T. Numerically stable fast transversal filters for recursive least squares adaptive filtering[J]. Signal Processing, IEEE Transactions on, Jan. 1991, 39(1): 92-114.

[186] MOSLEH M F, AL NAKKASH A H. Combination of LMS and RLS adaptive equalizer for selective fading channel[J]. European Journal of Scientific Research, 2010, 43(1): 127-137.

[187] SAYED A H. Adaptive filters[M]. New York: John Wiley, 2008.

[188] FLANAGAN M F, FAGAN AD. Iterative channel estimation, equalization, and decoding for pilot-symbol assisted modulation over frequency selective fast fading channels[J]. Vehicular Technology, IEEE Transactions on, 2007, 56(4): 1661-1670.

[189] VALENTI M C, WOERNER B D. Iterative channel estimation and decoding of pilot symbol assisted turbo codes over flat-fading channels[J]. Selected Areas in Communications, IEEE Journal on, 2001, 19(9): 1697-1705.

[190] GAZOR S. Prediction in LMS-type adaptive algorithms for smoothly time varying environments [J]. Signal Processing, IEEE Transactions on, 1999, 47(6): 1735-1739.

[191] CAIIRE G, TARICCO G, BIGLIERI E. Bit-interleaved coded modulation[J]. Information Theory, IEEE Transactions on, 1998, 44(3): 927-946.

[192] SHARIF B S, NEASHAM J, HINTON O R, et al. A computationally efficient Doppler compensation system for underwater acoustic communications[J]. IEEE J. Oceanic Eng., 2000, 25 (1): 52-61.

[193] MASON S F, BERGER C R, ZHOUS, et al. Detection, synchronization, and Doppler scale estimation with multicarrier waveforms in underwater aoustic communication [J]. IEEE J Sel. Areas Commun., 2008, 26(9): 1638-1649.

[194] ABOULNASR T, MAYYAS K. A robust variable step-size LMS-type algorithm: analysis and simulations[J]. IEEE Trans. Signal Process, 1997, 45(3): 631-639.

[195] FEUER A, WEINSTEIN E. Convergence analysis of LMS filters with uncorrelated Gaussian data[J]. Acoustics, Speech and Signal Processing, IEEE Transactions on, 1985, 33(1): 222-230.

[196] HTIRSKY P, PORTER M B, SIDERHJS M, et al. Point-to-point underwater acoustic communications using spread-spectrum passive phase conjugation[J]. J. Acoust. Soc. Am., 2006, 120(1): 247-257.

[197] SHIMUIRA T, OCHI H, SONG H. Experimental demonstration of multiuser communication in deep water using time reversal[J]. J. Acoust. Soc. Am., 2013, 134(4): 3223-3229.

[198] SMEE J E, SCHWARTZ S C. Adaptive space-time feedforwardlfeedback detection for high data rate CDMA in frequency-selective fading[J]. IEEE Trans. Commun., 2001, 49(2): 317-328.

[199] IBRAHIM B B, AGHVAMI A H. Direct sequence spread spectrum matched filter acquisition in frequency-selective Rayleigh fading channels[J]. IEEE J. Sel. Areas Commun., 1994, 12(5): 885-890.

[200] SOZER EM, PROAKIS J G, STOJANOVIC M, et al. Direct sequence spread spectrum based modem for under water acoustic communication and channel measurements[C]//MTS/IEEE Riding the Crest into the 21st Century, Oceans 1999. Seattle, WA: IEEE, 1999: 228-233.

[201] ABDULRAHMAN M, SHEIKH A U, FALCONER D D. Decision feedback equalization for CDMA in indoor wireless communications[J]. IEEE J. Sel. Areas Commun., 1994, 12(4): 698-706.

[202] BLACKMON F, SOZER EM, STOJANOVIC M, et al. Performance comparison of RAKE and hypothesis feedback direct sequence spread spectrum techniques for underwater commu-nication applications[C]//MTS/IEEE Oceans 2002. Biloxi, MI, USA: IEEE, 2002: 594-603.

[203] 《编程之美》小组.编程之美 [M].北京：电子工业出版社,2008.

[204] Pati Y C, Rezaiifar R, Krishnaprasad P S. Orthogonal matching pursuit: Recursive function approximation with applications to wavelet decomposition[C]//Proceedings of 27th Asilomar conference on signals, systems and computers. IEEE, 1993: 40-44.

[205] Donoho D L, Tsaig Y, Drori I, et al. Sparse solution of underdetermined systems of linear equations by stagewise orthogonal matching pursuit[J]. IEEE transactions on Information Theory, 2012, 58(2): 1094-1121.

[206] HOU J, SIEGEL P H, MILSTEIN L B. Performance analysis and code optimization of low density parity-check codes on Rayleigh fading channels[J]. Selected Areas in Communications, IEEE Journal on, 2001, 19(5): 924-934.

[207] YANG T. Properties of underwater acoustic communication channels in shallow water[J]. The Journal of the Acoustical Society of America, 2012, 131(1): 129-145.

图 书 资 源 支 持

感谢您一直以来对清华版图书的支持和爱护。为了配合本书的使用,本书提供配套的资源,有需求的读者请扫描下方的"书圈"微信公众号二维码,在图书专区下载,也可以拨打电话或发送电子邮件咨询。

如果您在使用本书的过程中遇到了什么问题,或者有相关图书出版计划,也请您发邮件告诉我们,以便我们更好地为您服务。

我们的联系方式:

地　　址:北京市海淀区双清路学研大厦 A 座 714

邮　　编:100084

电　　话:010-83470236　010-83470237

客服邮箱:2301891038@qq.com

QQ:2301891038(请写明您的单位和姓名)

资源下载:关注公众号"书圈"下载配套资源。

资源下载、样书申请

书 圈

获取最新书目

观看课程直播